21世纪高职高专经济贸易类实用规划教材

企业形象策划实务

主　编　王　丽
副主编　刘全文　王栓军　蔡纬国

清华大学出版社
北　京

内 容 简 介

本书以企业形象策划的实际工作过程为导线，以项目为载体，以工作任务为中心，并根据高职学生的特点结合最近两年来世界及中国企业形象领域发生的重要事件进行了相应的知识和技能的重构。本书主要内容包括六个项目，每个项目又分为若干个任务。为了便于读者自学，每个项目前都设有"知识目标"、"技能目标"、"项目导入"、"任务导入"等模块，项目后设有"项目总结"、"项目测试"等内容。本书力求做到理论与实际融为一体，全面提升读者分析问题和解决问题的能力。

本书既可以作为经济管理专业普及企业形象知识的公共必修课用书，也可以作为工商管理、市场营销专业的专业基础课用书，还可作为企业家、策划专家、管理者、职业经理及热心策划事业的各界朋友的指导用书。

本书封面贴有清华大学出版社防伪标签，无标签者不得销售。
版权所有，侵权必究。举报：010-62782989，beiqinquan@tup.tsinghua.edu.cn。

图书在版编目(CIP)数据

企业形象策划实务/王丽主编. --北京：清华大学出版社，2015 (2024.8 重印)
(21 世纪高职高专经济贸易类实用规划教材)
ISBN 978-7-302-37854-9

Ⅰ. ①企… Ⅱ. ①王… Ⅲ. ①企业形象—设计—高等职业教育—教材 Ⅳ. ①F270

中国版本图书馆 CIP 数据核字(2014)第 199547 号

责任编辑：李春明
封面设计：杨玉兰
责任校对：周剑云
责任印制：刘 菲

出版发行：清华大学出版社
网　　址：https://www.tup.com.cn，https://www.wqxuetang.com
地　　址：北京清华大学学研大厦 A 座　　邮　编：100084
社 总 机：010-83470000　　邮　购：010-62786544
投稿与读者服务：010-62776969，c-service@tup.tsinghua.edu.cn
质量反馈：010-62772015，zhiliang@tup.tsinghua.edu.cn
课件下载：https://www.tup.com.cn，010-62791865

印 装 者：三河市龙大印装有限公司
经　　销：全国新华书店
开　　本：185mm×230mm　　印 张：13.75　　字 数：300 千字
版　　次：2015 年 1 月第 1 版　　印 次：2024 年 8 月第 6 次印刷
定　　价：35.00 元

产品编号：057199-02

前　言

　　21 世纪，品牌在人们的生活中扮演越来越重要的角色，中国企业在塑造中国品牌的过程中，日益重视企业形象的建设。企业形象策划为打造中国品牌立下了汗马功劳。如何使企业树立更好的形象，打造中国乃至世界品牌，是摆在每位企业经营者面前的问题。

　　本书在《企业形象策划》教材的基础上根据时代的发展，增加了以下内容。

　　第一，近几年来，每年都有涉及破坏企业形象的危机事件发生，有的企业因处理不当，致使自身陷入了更大的危机中。有的企业处理得当，反而提高了知名度。针对这种情况，本书对严重损害企业形象的企业危机进行了系统梳理，并引进了公共关系危机处理的相关内容。

　　第二，当今社会，CIS 不仅应用于企业，还应用于团体、城市与国家形象的塑造，形成了广域的 CIS，本书对广域 CIS 进行了系统梳理，增加了相关内容的介绍。

　　第三，形象宣传片被越来越多的企业、城市和国家所使用，对塑造企业形象及城市、国家形象至关重要，本书对此内容进行了创新型的增加。

　　本书以工作过程为导线，进行项目化设计，既有企业理念、企业行为等理论性知识介绍，又增强了视觉部分的设计操作，实用性较强。本书主要内容包括六个项目，依次为认知企业形象策划、企业理念塑造、企业视觉系统设计、企业行为识别系统、企业形象危机、导入 CIS 及广域 CIS。

　　本书在结构体系和内容取舍上力争突出自身特色。

　　1. 项目化体例，结构简单清晰

　　本书按项目化教学进行了内容组织，以项目为载体，突破了传统企业形象教材面面俱到、章节繁多的框架，全书共分六个项目，每个项目下又分为具体的任务，给人以直观清晰、一目了然的感觉。

　　2. 内容通俗易懂

　　本书注重企业形象基本常识和基本技能的介绍，没有深奥的理论描述，大量内容以图表形式进行归纳，便于读者对知识的理解和掌握。

　　3. 资料丰富翔实，信息量大，实用性强

　　本书在兼顾基础知识的同时，强调实用性和可操作性，增加了企业视觉设计与宣传片制作实际操作的内容。

　　本书由河北软件职业技术学院王丽老师任主编，并负责全书统筹工作；河北软件职业技术学院刘全文老师、王栓军老师，河北省科技工程学校蔡纬国老师任副主编。具体编写分工如下：项目一、三、六由王丽负责编写、项目二由刘全文负责编写，项目四由王栓军负责编写，项目五由蔡纬国负责编写。

　　本书是对作者长期的教学和研究成果的总结，同时参考国内、外前辈和同仁的相关成果，在此表示感谢！

　　由于时间有限，书中难免存在不足之处，还望广大读者批评指正！

编　者

目　　录

项目一　认知企业形象策划 1

项目导入 2

任务一　认知企业形象 3
　　任务导入 3
　　一、企业形象 3
　　二、企业形象策划 10

任务二　认知企业形象的发展历程 15
　　任务导入 15
　　一、CIS 欧洲起源阶段 15
　　二、CIS 美国成长阶段 16
　　三、CIS 日本深化阶段 19
　　四、CIS 在中国 20
　　五、中国 CIS 策划存在的问题 ... 23

课堂讨论 24
项目总结 24
项目测试 24

项目二　企业理念塑造 27

项目导入 28

任务一　明确企业理念的意义及定位 28
　　任务导入 28
　　一、企业理念的意义 29
　　二、进行企业理念定位 33

任务二　确定企业理念的内容 34
　　任务导入 34
　　一、企业形象口号 36
　　二、企业的综合理念 40

课堂讨论 52
项目总结 52
项目测试 52

项目三　企业视觉系统设计 55

项目导入 56

任务一　认知企业视觉识别系统 56
　　任务导入 56
　　一、视觉识别系统的作用 57
　　二、视觉识别系统设计原则 60
　　三、企业的商标与品牌战略模式 ... 63

任务二　确定企业视觉系统的基础要素 ... 70
　　任务导入 70
　　一、标志 70
　　二、标准字 84
　　三、标准色 92
　　四、企业吉祥物 99

任务三　明确企业视觉系统的
　　　　　应用要素 106
　　任务导入 106
　　一、办公事务用品类 107
　　二、建筑环境 111
　　三、广告媒体 113
　　四、陈列展示 114
　　五、交通工具 115
　　六、产品包装 116
　　七、员工服装 117

课堂讨论 118
项目总结 118
项目测试 119

项目四　企业行为识别系统 121

项目导入 122

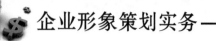

任务一　明确企业行为识别系统的
　　　　原则及步骤 122
　　任务导入 122
　　一、建立行为识别系统的原则 ... 123
　　二、设计企业行为识别系统的
　　　　步骤 125
任务二　确定企业内部行为识别系统 ... 126
　　任务导入 126
　　一、员工教育与培训 127
　　二、行为规范制度 131
　　三、员工手册 133
任务三　企业外部行为识别系统 136
　　任务导入 136
　　一、广告、营销策划活动 136
　　二、公关活动 137
　　三、社会公益活动 151
课堂讨论 153
项目总结 153
项目测试 153

项目五　企业形象危机 155

项目导入 156
任务一　认知企业危机 156
　　任务导入 156
　　一、企业危机的特征 157
　　二、企业危机的根源及类型 159
任务二　危机管理 165

任务导入 165
一、危机处理的原则 166
二、危机的管理与预防 172
三、危机的处理步骤 174
课堂讨论 180
项目总结 180
项目测试 180

项目六　CIS 导入及广域 CIS 183

项目导入 184
任务一　CIS 导入 185
　　任务导入 185
　　一、导入 CIS 的时机 186
　　二、导入 CIS 的程序 190
任务二　广域 CIS 192
　　任务导入 192
　　一、社会团体 CIS 193
　　二、城市 CIS 196
任务三　形象宣传片 205
　　任务导入 205
　　一、企业形象宣传片 206
　　二、城市和国家形象宣传片 210
课堂讨论 212
项目总结 212
项目测试 212

参考文献 214

项目一

认知企业形象策划

【知识目标】

(1) 掌握企业形象与 CIS 的含义。
(2) 了解企业形象策划的发展历程。
(3) 了解企业形象策划的功能与原则。

项目导入

林丹：中国著名羽毛球运动员，解放军代表队运动员。世界排名第一位，因其球风凶悍、个性鲜明，被广大球迷称为"超级丹"。林丹被公认为同时代实力最强的羽毛球运动员，甚至是羽毛球历史上最伟大的球员。他是2008年和2012年奥运会羽毛球的男单冠军，也是羽毛球历史上唯一一位五度夺得世界羽毛球锦标赛男单冠军的选手，第一位蝉联奥运会羽毛球男单冠军的选手。他还五次夺得全英羽毛球公开锦标赛冠军，帮助中国国家羽毛球队连续五次夺取汤姆斯杯，连续四届捧回苏迪曼杯。

邓亚萍：前中国女子乒乓球队运动员，其运动生涯中，获得过18个世界冠军，连续两届四次奥运会冠军，是第一个蝉联奥运会乒乓球金牌的球手，曾获得四枚奥运金牌，被誉为"乒乓皇后"，是乒坛里名副其实的"小个子巨人"。她是2001年北京申奥团成员之一，北京申奥形象大使；2009年4月16日，就任共青团北京市委副书记；2010年9月26日，邓亚萍任人民日报社副秘书长兼人民搜索网络股份公司总经理。

姚明：中国篮球史上里程碑式人物，前美国NBA篮球运动员，曾获七次NBA"全明星"，被中国体育总局授予"体育运动荣誉奖章"、"中国篮球杰出贡献奖"。

刘翔：世界著名的奥运冠军，是中国田径史上里程碑式人物，在2004年雅典奥运会上以12.91秒的成绩平了保持11年的世界纪录； 在瑞士洛桑田径大赛中，以12.88秒打破了保持13年的世界纪录，成为世界第一个集奥运会冠军、世锦赛冠军和世界纪录保持者于一身的男子110米栏大满贯得主。2012年8月7日，伦敦奥运会男子110米栏预赛中，打栏意外摔倒在地，最终单腿跳过终点无缘晋级。

项目一　认知企业形象策划

每个人都有人格，还有各自的世界观，并且因教育和嗜好而形成独特的行为模式，体现着每个人的个性。如果以同样的思维来衡量企业，企业是否应有统一的"人格"呢？企业统一的"人格"的形象塑造就是企业形象策划！

任务一　认知企业形象

任务导入

沃尔玛(Wal-Mart Stores，Inc.)：美国世界性连锁企业，以营业额计算为全球最大的公司，控股人为沃尔顿家族，总部位于美国阿肯色州的本顿维尔。沃尔玛主要涉足零售业，是世界上雇员最多的企业，连续三年在美国《财富》杂志全球500强企业中居首。沃尔玛公司有8500家门店，分布于全球15个国家，主要有沃尔玛购物广场、山姆会员店、沃尔玛商店、沃尔玛社区店四种经营业态模式。

苏宁：苏宁云商集团股份有限公司(SUNING COMMERCE GROUP CO.，LTD.)是中国商业企业的领先者，经营商品涵盖传统家电、消费电子、百货、日用品、图书、虚拟产品等综合品类，线下实体门店1700多家，线上苏宁易购位居国内B2C前三，线上线下的融合发展引领零售发展新趋势。2013年胡润民营品牌榜，苏宁以130亿元品牌价值，排名第九位。创立中国零售模式"店商+电商+零售服务商"，称之为"云商"的经营模式。

这两家企业在您心中的形象是一样的吗？如果满分100分，您为这两家企业各打多少分？为什么会得出不同的分数呢？什么是企业形象？

一、企业形象

康师傅、娃哈哈、农夫山泉、乐百氏……面对不同品牌的水，您会选择哪个品牌？为什么？是因为这个品牌的水更好喝吗？

大多数人是因为对这一品牌的偏好与依赖，从深层次来说，即对于拥有这一品牌、生产这一产品的企业形象的认可。

今天，商品已进入日益同质化的时代，企业生产的产品差异性越来越小，企业如想获得更多消费者的认可，需要打造鲜明的企业形象，即在产品质量价格相差无几的情况下，社会公众更注意选择形象好的名牌企业的产品，于是形象力上升为决定企业竞争成败的关键因素之一。

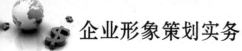

一方面，21世纪经济全球化趋势将进一步增强，受其影响，世界各国越来越多的企业集团化经营、连锁化经营，在这种经济全球化趋势的过程中，各国企业集团须要通过塑造集团整体形象，运用个性化企业形象与竞争对手企业相抗衡、相区别。有人把企业形象所产生的力量称为形象力，同人力、物力、财力相提并论，有些企业的企业形象甚至已成为该企业价值最大的资产。所以，形象力是衡量一家企业是否先进、是否具有开拓国际市场能力的主要指标。

另一方面，随着时代的进步，企业的营销战略也发生了极大的改变，由传统推销战略(即以卖方为主的战略)进入营销战略(即按买方要求来调整产品的价格和质量)，进而进入到形象战略时代，包括产品的内在品质、外在包装、销售服务等，也就是说，顾客选择商品最重要的是考虑到企业产品的形象。如图1-1所示，企业的三种力，即生产力、行销力和形象力相互支撑，构成一个稳定的三角架，三角缺一不可，只有三种力相互支撑，才可使企业发展得更稳固。

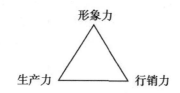

图1-1 生产力、行销力和形象力的关系

企业形象是社会公众对企业的整体感觉、印象和认知，是企业状况的综合反映；即公众对企业的总体评价，是企业的表现与特征在公众心目中的反映。企业形象包含三层含义：①形象是一种总体评价，是各种具体评价的总和；②形象的确定者是公众；③形象源于企业的表现。

1. 企业形象的构成要素

1) 内在特征与风格

企业的内在特征与风格是构成企业形象的"软件"，包括企业的文化、企业精神、企业凝聚力，内部员工共有的价值观，也包括企业的资金实力、技术实力、人才实力、办事风格等因素。

2) 外在特征与风格

企业的外在特征与风格是构成企业形象的"硬件"，包括企业的产品包装、交通工具、办公用品、广告、礼品，企业内、外部装饰建筑的风格与布局，员工的仪表、服饰、态度，企业的商标等因素。

企业的内、外在特征与风格共同组成企业的总体特征与风格，成为公众对企业及其行为的概括性认识，从而对企业产生一种形象认同。企业形象包含的内容范围相当大，从物到人，从产品到服务，从经营到管理，无所不及，具有多方位、多角度、多层面、多因素的特点，具体如表 1-1 所示。

表 1-1　企业形象的具体构成要素

企业形象	构成要素
产品形象	质量、款式、包装、商标、服务
组织形象	体制、制度、方针、政策、程序、流程、效率、效益、信用、承诺、服务、保障、规模、实力
人员形象	领导层、管理层、普通员工
文化形象	历史传统、价值观念、企业精神、英雄人物、群体风格、职业道德、言行规范、公司礼仪
环境形象	企业门面、建筑物、标志物、布局装修、展示系统、环保绿化
社区形象	社区关系、公众舆论

2. 企业形象的评价者

企业形象的评价者是社会公众，指与企业有直接或潜在关系，相互影响的个人、群体或组织的总和。它不同于社会学或政治学讲的公众，与日常生活中所讲的"人民"、"大众"和"群众"也不一样。对企业来说，公众在任何时候都存在，只要这个企业处于社会中，就必然会有一批与之利益相关的社会公众。但从微观上来说，对于一个企业而言，公众又是不断变化的，一方面，一些原来的公众可能由于兴趣、爱好等种种原因与之不再发生任何联系，而一些原来不是企业公众的人可能与企业发生联系，成为企业的公众；另一方面，企业目标的变化与发展也会使一些公众自动消失，另一些公众随之出现。

由于社会是一个复杂的系统，影响企业生存的因素很多，在现实社会中，一个企业会面临不同类型的公众。

1) 根据公众和企业是否存在隶属关系划分

根据公众和企业是否存在隶属关系，公众分为内部公众和外部公众。

(1) 内部公众是指隶属于企业的公众，包括员工、股东或投资者，与企业相关性最强。

(2) 外部公众则不隶属于企业，包括顾客、政府、社区、媒介、竞争者和社会名流等，往往数量大、分布广，与企业联系比较密切，企业对它们的依赖性较强。

企业内、外部公众关系图，如图 1-2 所示。

2) 根据公众对企业的重要程度划分

根据公众对企业的重要程度，公众分为首要公众和次要公众。

(1) 首要公众是指与企业联系最为密切，决定着企业生存发展的那部分公众，包括员工、顾客等，企业应该集中人力、财力、物力，重点处理好与首要公众之间的关系。

(2) 次要公众是指与企业有一定联系，对企业的生存发展有一定影响，但不起决定性作用的那部分公众，包括政府、媒介、社区、金融机构等。

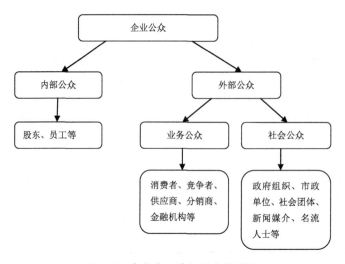

图 1-2　企业内、外部公众关系图

首要公众、次要公众的划分并不是绝对的，在一定条件下可能相互转化。不过，无论怎样转化，企业都应该根据实际情况，具体问题具体分析。对企业来说，最重要的公众应是消费者、企业员工和竞争对手。企业在处理好与首要公众关系的基础上，也应该理顺与次要公众的关系。

3) 根据公众与企业发生关系的不同阶段划分

根据公众与企业发生关系的不同阶段，公众分为非公众、潜在公众、知晓公众和行为公众。

(1) 非公众是指在一定时间、空间条件下与企业不发生相互影响和作用的个人、群体和企业。非公众并不是绝对的，只是在一定的时间、空间条件下才不是企业的公众。

(2) 潜在公众分两种类型。一种是指目前还不是企业的公众，但条件成熟、过一段时间有可能成为企业的公众，即潜在的消费者属于这种情况。另一种是指由于企业的某个问题，可能导致将来与企业发生利益冲突的公众，如已经购买了假冒伪劣商品的消费者，或者不知道某厂家已经生产出了自己需要的商品的潜在消费人群。因为当前问题还没有显性化，所以这部分公众还没有意识到问题对他们的影响。作为企业来讲，针对第二类潜在公众一定要有前瞻性，预先发现这类潜在公众，企业应该充分满足这类潜在公众的知情权，及时、准确地向他们传达相关信息，获得这类公众的信任、好感，引导他们向企业希望的方向发展。

(3) 知晓公众是指已经知道、了解企业产品、经营状况的公众，或消费了企业的产品，知道企业行为或政策将对自己造成影响的公众。

(4) 行为公众一方面是指已消费企业商品或服务的公众；另一方面也是指与企业发生不良关系的公众，不仅已经知道问题的存在，而且正在或已经采取行动，对企业产生了实际影响的那部分公众。他们的行动有的对企业有利、有的对企业不利，企业应强化有利的行动、尽快采取对策以转化不利的行动。

4) 根据公众对企业的态度划分

根据公众对企业的态度，公众分为顺意公众、逆意公众和中立公众。

(1) 顺意公众是指对企业的政策、行为和产品持赞成意见和支持态度的公众。

(2) 逆意公众是指对企业的政策、行为和产品持否定、反对态度的公众。

(3) 中立公众是指对企业持中间态度，观点和意向不明确的公众。

顺意公众对企业的发展非常有利，应加强联系，有效地维持这种关系，应该尽可能扩大他们的队伍；对逆意公众应做好转化工作，尽可能改变其态度；一个企业的中立公众往往居多，因而企业应该将工作的重点放在中立公众上，加强沟通，争取他们的支持，争取成为顺意公众，避免成为逆意公众。

3. 企业形象的评价指标

评价企业形象的基本指标有两个，即知名度与美誉度。

1) 知名度

知名度是一个企业被公众知晓、了解的程度，是评价企业"名气"大小的客观尺度。它是评价企业形象的一个"量"指标。

2) 美誉度

美誉度是一个企业获得公众接受、赞许的程度。企业只有经过产品质量、品味、服务等一系列让社会公众满意的系统运作，才能得到公众的好评。它是评价企业社会影响好坏程度的指标。它从"质"的角度来评价企业形象，如图1-3所示。

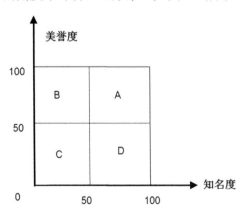

图1-3 企业形象评价的指标图

A象限表示企业高知名度、高美誉度。企业处于此象限，属于最佳的企业形象状态。

B象限表示企业高美誉度、低知名度。企业处于此象限，属于较好的企业形象状态。此象限的企业因美誉度很高，如想提高知名度比较容易，例如通过公关活动、广告轰炸等手段可迅速提高知名度，达到高知名度、高美誉度的理想状态。

C象限表示企业低美誉度、低知名度。企业处于此象限，属于发展空间很大的企业形象状态。此象限企业的美誉度和知名度都比较低，即使美誉度受到一定的损失，因为被公众知道的范围小，还有进行企业形象修正、改过的巨大空间。

D象限表示企业低美誉度、高知名度。企业处于此象限，属于最差的企业形象状态。此象限企业的美誉度较低，知名度却较高，即臭名远扬状态，企业很难进行"咸鱼翻身"。例如，河北的三鹿集团因为2008年的三聚氢氨事件而破产，再也没有翻身的机会。很多知名的企业都是因为处于这一象限而灭亡。

一个企业的知名度高，不代表美誉度一定高；知名度低，美誉度不一定低。因此，企业要想树立良好的企业形象，必须同时把提高知名度，加强美誉度作为目标。

【思考】

图1-3所示的A、B、C、D四个象限中，最好的是A象限，最不好的是D象限，你知道这是为什么吗？

4. 企业形象的特征

1) 主客观两重性

(1) 企业形象的主观性。从心理学的角度来看，形象就是人们通过视觉、听觉、触觉、味觉等各种感觉器官在大脑中形成的关于某事、某物的整体印象，即形象不是事物本身，而是人们对事物的感知，不同的人对同一事物的感知不会完全相同，因而其正确性受到人的意识和认知过程的影响。由于意识具有主观能动性，因此事物在人们头脑中形成的不同形象会对人的行为产生不同的影响。企业形象是社会公众对企业的整体感觉、印象和认知，是企业状况的综合反映。企业形象作为企业在公众心目中的形象，必然会受到公众自身价值观、思维方式、道德标准、审美取向及性格差异等主观因素的影响。因此，同一个企业在不同的公众心目中会产生不同的形象。

企业形象的主观性说明企业外在形象不等同于企业的真实状态。企业的真实状态是一种客观存在，这种客观存在是通过各种媒体传播展示给公众，被公众认识、感知，形成一定的印象和评价，形成具体的企业形象。但如果企业有意隐瞒缺陷，自我美化，就会使企业形象失真乃至虚假。企业形象的主观性，也要求企业在进行形象塑造时，要适应社会公众的价值观、思维方式、道德标准以及情感要求，赢取公众的信任，树立良好的形象。

(2) 企业形象的客观性。一方面，公众心目中的企业形象不是凭空产生的，也不是公众头脑中固有的，而是企业自身行为在他们心目中的反映。根据统计学的"大数定律"，评价的人多了，主观偏见自然就会减少，可获得一个客观、真实的评价。另一方面，企业形象是一个企业现实状态的表现，是企业一切活动在社会公众面前的展示，这是客观的。良好的企业形象不是由企业自己王婆卖瓜吹出来的，不能由企业管理者主观设定，而是企业的真实情况在公众心目中的客观反映。良好的企业形象具有一定的客观标准，它由企业本身良好的经营管理、企业精神、员工素质、领导作风、企业制度、产品质量及整洁的生产经营环境等客观要素所构成。这些因素都是客观存在的，反映了企业的真实状态，是人们能够直接感知的，不以人们的主观意志为转移。

  2) 多维性

  企业形象本身的构成包括内在的和外在的特征与风格，具体又包括六个方面，即产品形象、组织形象、人员形象、文化形象、环境形象和社区形象。这些多样性使社会公众对企业评价的出发点也变得多样，即不同的社会公众对企业形象评价的角度会不同，产生企业形象评价的多维性。人员素质、设施配备、内在精神和外在风格上都能反映出一个企业的不同形象。

  企业的各方面都代表了企业的一部分，都反映了企业在各个方面上的特色和不足，各个部分都以自己的"特色"映射到公众的视角中，使在公众中形成"丰富多彩"的企业形象，但各个企业要素的形象并不是孤立存在的，它们之间相互联系、相互区别，共同形成了完整的企业形象。企业形象的多维性要求企业在塑造企业形象时不能把企业的各个部分的形象塑造孤立开来，而应该将各个企业要素加以综合，系统性地塑造良好的企业形象。无论哪一方面出现失误，都会使企业形象受损。

  3) 相对稳定性与可变性

  (1) 企业形象的相对稳定性。一个企业的形象一旦形成，在一定时期之内是相对稳定的。像我们熟悉的一些世界著名企业，经历了数十年、上百年的岁月，依然保持了一贯的经典的企业却形象。例如，一提起营销界非常有名的"红蓝之争"，人们都知道"红"是指成立于1886年的可口可乐公司，"蓝"是指成立于1890年的百事可乐公司，这两家企业经历百年而企业形象却不变。亨利·雀巢1867年创建的雀巢公司，起源于瑞士，最初是以生产婴儿食品起家，以生产巧克力棒和速溶咖啡闻名遐迩，今天在全球拥有500多家工厂，成为世界上最大的食品制造商。这些世界知名企业凭借其一贯的优良的企业形象赢得了全世界消费者的认可。在中国，一些老字号企业也凭借几百年前塑造起来的形象，至今仍被社会公众津津乐道。例如，创建于中国清朝康熙八年(1669年)，历经数代、载誉300余年的北京同仁堂，其产品以其传统、严谨的制药工艺，显著的疗效享誉海内外。六必居、王致和等中华老字号企业，也跨越了不同的朝代，经历了时代的变迁，企业形象仍然保持不变，其有很大的稳定性。良好的企业形象既包括其作为"硬件"的外在形象(建筑风格、商标等)，也包括作为"软件"的企业精神、传统风格，有时会伴随一个企业生命的全过程，并在一定的时空条件下，在一定的社会公众中形成一些概念化的东西，具有较强的稳定性。

  (2) 企业形象的可变性。企业形象相对稳定并不意味着一成不变，企业形象又具有可变性的特征。企业形象依附于企业，没有企业也就无所谓企业形象。单从企业形象的字面意义来说，"形"指的是企业的外表，"象"指的是企业的存在意义。两者合而为一，企业形象指的就是企业所呈现出的外表与意义，也是企业自身价值的一种表现。企业形象作为

企业这台"机器"的外在表现，传达的是企业的一种价值、一种生产和一种情感。发展变化是企业形象的天然属性。企业形象作为企业这个生命有机体的外在表现，随着企业的发展也是处在不停地发展变化中。

企业形象的可变性主要表现在以下两个方面。

一方面，随着时代的进步，市场经济环境发生变化，企业为了生存务必然会随着市场的变化而变化，在变化的过程中，企业产品质量的提升与服务水平的提高肯定会使企业展现出与先前不同的企业形象。适应时代的变迁，企业自身会对形象进行重新塑造、升级、企业形象伴随企业的变化而变化。

比如联想集团，1984年，40岁的柳传志带领10名中国计算机科技人员前瞻性地认识到PC必将改变人们的工作和生活，在北京一处租来的传达室中开始创业，年轻的公司命名为"联想"（Legend，英文含义为传奇），铸造了中国的一个传奇企业联想集团。随着企业的壮大，联想为进军海外市场，2003年宣布使用新标识"Lenovo"（创新之意），"LE"代表联想过去的英文名称"LEGEND"，"NOVO"是一个很有渊源的拉丁词根，代表"新意，创新"；新的企业形象的寓意为"创新的联想"。今天，联想已成为一家营业额达340亿美元、全球最大的电脑厂商，客户遍布全世界160多个国家，位列《财富》500强。苏宁，原"苏宁电器股份有限公司"，随着企业经营形态的变化，2013年2月19日更改为"苏宁云商集团股份有限公司"。公司英文名称由原"SUNING APPLIANCE CO., LTD."变更为"SUNING COMMERCE GROUP CO., LTD."。创立中国的零售模式将是"店商+电商+零售服务商"的"云商"模式。很多企业在由小变大的过程中，都对企业的形象不断地进行修正、完善，使企业形象成为动态可变的。

另一方面，一些企业由于经营理念、质量意识等种种原因，发生了企业危机，使本来良好的企业形象遭到重创，如南京的冠生园、河北的三鹿集团等企业，导致企业形象瞬间损毁。企业形象的确立非一日之功，是企业员工长期奋斗、精心塑造的结果，企业任何一个环节出现严重问题，都可能使长期树立起来的良好形象受到损害，甚至毁于一旦。企业形象的可变性说明，在市场竞争空前激烈的形势下，不进则退。任何企业都应破除故步自封的心态，要有强烈的永不满足的精神和危机意识。在企业形象的塑造上没有终点，只有起点。只有不断开拓进取，创造佳绩，才能使企业形象越来越好。

二、企业形象策划

企业形象策划即CIS，是英文Corporate Identity System的简称，也称为企业识别系统，是企业将其理念、行为、视觉及一切可感知的形象实行统一化、规范化与标准化的科学管理体系，包括理念识别系统、行为识别系统和视觉识别系统。CIS是公众辨别企业的依据，是企业在经营与竞争中赢得社会公众认同的有效手段之一，本质上是社会公众对企业的一切活动及其表现的总体印象和评价。它的主体是企业，是企业有意或无意地展现在社会公众面前，包括内部生产经营管理、外部销售、售后服务及所有社会活动在内的形象。

项目一　认知企业形象策划

CIS 将市场营销与企业形象设计提高到经营哲学的水准,使其变成可观、可感知的系统,而不是架空的经营理论与策略。它不是短期的即兴之作,而是长远规划,并定期监测,具有管理控制的组织性、实施操作的系统性管理。

1. CIS 内容

CIS 内容包括理念识别系统(Mind Identity System,MIS)、视觉识别系统(Visual Identity System, VIS)和行为识别系统(Behavior Identity Systerm,BIS)。三者的关系并非平行的,理念识别系统是核心,视觉识别系统和行为识别系统分别从视觉与行为上体现了企业的理念。如果我们将 CIS 比作一个人的话,则 MIS 是心、BIS 是手、VIS 是脸,三者偏废一方,都不能形成完整的形象。"心"之想,需要通过"手"之做才能实现,需要通过"脸"之情才能展现。其关系如图 1-4 所示。

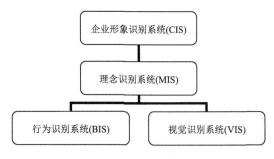

图 1-4　CIS 架构图

CIS 是经由理念—行为—视觉三个方面的贯彻而达成的。理念识别系统、行为识别系统和视觉识别系统的具体内容如图 1-5 所示。

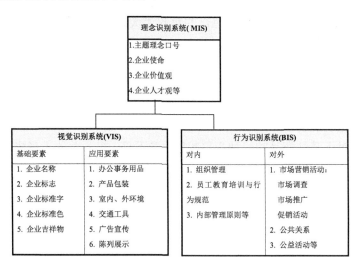

图 1-5　CIS 具体内容架构图

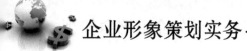

2. CIS 的功能

随着中国经济的发展，中国企业越来越多地走向世界，现代企业面临更多的内在经营压力和外在的竞争挑战，树立个性鲜明的企业形象显得尤为重要，大量企业的实践经历证明，CIS 具有重要作用，其主要功能如下所述。

1) 规范、导向与激励功能

CIS 确立了企业的理念和行为系统，这就使企业的规范得以确立，为企业自身的生存和发展树立了一面旗帜，向全体员工发出了一种号召。这种号召一经被广大员工的认可、接受和拥护，就会产生巨大的规范、导向与激励作用。像美国 IBM 公司提出"IBM 意味着最佳服务"，联想的"We do what we say. We own what we do. 说到做到，尽心尽力"，阿里巴巴的使命"让天下没有难做的生意"等，都是在教育、引导、规范着员工的言行、态度，有效地强化员工的归属意识，充分调动员工的积极性与创造性，从而增强企业的向心力和凝聚力，使企业员工产生荣誉感、成功感和前途感，觉得能够在企业里工作，是一种值得骄傲的事情，由此就会形成强烈的归宿意识和奉献意识，让他们在尽善尽美的工作中注意把自己的形象与企业的形象联系起来，使本企业成为世界一流的企业。

2) 识别功能

在现今信息化社会里，社会公众会受到各种传播信息直接、间接的影响，泛滥的广告、杂乱的活动，过多的信息很容易产生传播上的干扰。企业形象策划是从理念、行为、视觉三方面对企业进行整体形象塑造，以树立企业与众不同的鲜明个性。CIS 的优势在于它把企业作为行销对象来进行处理，它将企业的理念、行为等形成统一的形象概念，借助视觉符号表现出来，形成企业自己的个性。企业导入和实施 CIS 能使企业与其他同类竞争企业进行有效的区别。例如，人们一提起中国建设银行就会想到蓝色，并想起"善建者行"的口号；一提起中国农业银行就会想到绿色，并想起"大行德广、伴您成长"的企业理念。成功的 CIS 具有高效的识别功效。

CIS 正是通过创造有秩序的、个性的、统一的企业识别系统，最终在消费者心中取得认同，建立社会公众对企业的信心，让社会公众产生一目了然的识别效果，塑造良好的企业形象。

3) 资产增值功能

形象是公众对于某种商品的一种心理印象，看不见、摸不着的无形资产。CIS 的最终确立是以达到公众信赖为目的。CIS 使企业产生良好的企业形象，这不仅有利于企业与客户的沟通，且能够制造企业的产品差别优势，容易使社会公众产生企业健全、制度完善的认同与信任感。良好的企业形象既有助于扩大企业的销售量，使企业在与竞争者相同的条件下，获得超额利润，形成直接的经济价值，也可以为企业赢得良好的市场信誉，使企业能够在短时间内实现扩张，赢得大量经营资金，吸引更多的合作者，从而扩大自己的市场影响力。它可以使企业的无形资产具有实实在在的资产增值功能，使企业在无限开拓市场的过程中，获得丰厚的利益回报。企业形象具有的这种资产增值功能，使现代企业都十分重视形象战略。对于企业来说，塑造企业形象的过程，从某种程度上来说就是名牌成长曲线的修正与调控过程。

CIS 具有很强的科学性和应用性。它结合现代设计观念与企业管理理论的整体性运作，以刻画企业个性，突出企业精神，使社会公众产生深刻的认同感，取得竞争优势。日本著名的 CIS 专家加藤邦宏先生明确提出 CIS 能解决企业的许多具体问题，主要能解决的问题如下：①随着企业经营多样化的开展，传统企业形象的一贯性和统一性逐渐丧失，需要在新的形象下达成统一；②与其他公司合并后，需要重新确立企业的新形象；③与同行的其他企业相比较，本企业的活力不够，企业形象的知名度和竞争力处于下风，急需赶上和超过其他企业；④缺少能代表全企业形象的统一标志；⑤公司上市的股票表明公司所处的劣势地位或遇到了障碍；⑥整个企业形象处于低潮，跟不上国际化形象的时代潮流；⑦正在或将要启动的企业发展战略同企业的现有形象难以协调和配合。

虽然 CIS 能解决很多具体的问题，但它不是万金油，它不能解决企业的产品质量问题。CIS 塑造的是企业形象，是企业的软实力。企业的生存与发展最终应由产品质量、服务和管理等硬实力来更好地维持。如果企业的硬实力出现问题，单靠企业的软实力来维持就如同在沙滩上建造高楼大厦，即使高楼大厦建得再豪华，一阵浪打来也要垮掉。产品质量、服务和管理是一个企业经营的核心，是保证一个企业能否傲立市场的基础。只有企业的硬实力足够扎实，企业形象策划才会成功，企业在社会公众的心中才会更加有地位。

3. CIS 的原则

CIS 是企业参与激烈市场竞争的关键因素之一，塑造统一的个性鲜明的企业形象并非易事，它不是对企业空洞无物的宣传，也不是对企业表面化的简单装饰，而是一项企业全体职工参与的复杂而艰巨的长期任务。为了追求 CIS 的最佳绩效，力求低投入高产出，在公众中建立信誉，保持良好的形象，应遵循以下几条原则。

1) 系统性原则

CIS 是一个系统工程，需要有计划、有步骤地进行周密的策划，建立一个统一而规范的识别体系，应从整体出发，树立一种全局观念。对于一个企业来说，树立形象是一项全方位的工作，企业的理念、行为和视觉设计应同时并重，使之统一化、整体化和科学化。如果没有良好的企业行为，企业理念只能停留在漂亮的口号上，甚至于企业的不良行为可能会使企业形象毁于一旦；如果企业的视觉形象不能表现企业理念的内涵，三者的各种表现不统一、不一致，都会给社会公众带来错觉与混淆，以致出现许多不良后果。CIS 不仅要在视觉设计上下功夫，追求外在美，更应重视 MIS 的核心作用、BIS 的规范化作用，使 MIS、BIS 和 VIS 三个部分能相互促进、相辅相成，协调一致，在社会上真正树立起内外一致的良好形象。

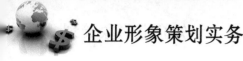

2) 个性化原则

世界上的知名企业都有自己个性化的独有形象，如美国的可口可乐、百事可乐、麦当劳、肯德基、IBM、苹果等。企业必须保持独特、鲜明的个性和独具一格的特质，以便识别，不能"千人一面"。

企业要在市场经济浪潮中更好地生存与发展，应做到以下几点。

(1) 需要领导者洞察先机并具有一套与众不同、富有内涵的理念。企业理念越具有个性特征，就越容易被识别。

(2) 应从企业的视觉识别上与竞争对手区别开来。

(3) 应从企业的经营宗旨、经营目标及企业风格等方面形成独特的个性。

例如，美国著名企业 IBM 公司的形象堪称一流，它从多个方面打造企业的个性化形象。IBM 公司在服务形象方面提供给用户的是"全天候最佳服务"，无论在什么地方的用户，在抱怨的四小时内均可得到满意的服务；在员工形象方面也是较有特色，为突出企业形象，公司要求员工穿清一色的白衬衫，象征着成功的生意人形象，IBM 公司由此赢得了"白衬衫公司"的称号；在社区形象方面，公司员工都争做"良好的社区公民"。

企业的形象策划要以差异化、个性化为准则，突出企业优势、特色，给社会公众留下深刻印象，让公众联想记忆，并以此把企业生动的个性形象传递给社会公众。一个企业如想在众多的同行企业中树立独有的形象，必须对竞争对手的企业形象有一个充分的调查了解，在此基础上再设计自己企业的形象，避免出现雷同、撞车现象。

3) 长远性原则

社会公众对企业的印象有一个从局部形象到整体形象、从初始模糊形象到长期稳定形象的建立过程，这个过程需要时间，需要企业不断地反复地刺激公众，强化公众对企业的正面印象，弱化公众对企业的不良印象。树立良好的企业形象是一项持久性的战略目标，它不是一朝一夕就能塑造出来的，它需要长时间的积累与培育，周密的调查及有计划的分步实施。

长远性一方面表现在，CIS 从设计开发到成功实施需要时间。在设计开发阶段，需要安排充足的时间，以便设计者能更好地了解竞争对手的情况、企业自己的现状、企业独有的文化内涵以便提出合适的构想，设计出好的形象来。若涉及企业名称、品牌形象的更换，则必须办理相应的法律手续，制定充足的作业实施时间。另一方面，随着社会的不断进步，社会公众的需求会在许多方面发生相应的变化，因此企业要不断适应变化着的公众对企业评价标准的改变，不断改进、更新和完善自己，使得本企业的形象总是处于适应社会潮流的发展上。从这一点上看，树立形象更是一项长期的任务，它要求企业不断努力，不可懈怠地进行形象的自我更新与完善。

企业形象的塑造是企业全体人员长期努力的结果，这是一种"聚生"的过程，需要一步一步扎实地积累，这样的形象才有比较坚实的基础。

项目一　认知企业形象策划

任务二　认知企业形象的发展历程

任务导入

> 随着经济和文化的发展、社会的进步，人类社会从温饱型时代到富裕型时代，继而进入表现型时代。现代公众追求精神消费，消费者更加注重产品形象、品牌形象及企业形象与他们的审美要求是否一致。针对公众的这一消费理念，中国许多著名企业，如联想、海尔、中国银行等都熟练运用 CIS，成功打造知名品牌，建立了独特的企业形象。
>
> 如果您是企业的管理者，在了解企业形象的含义后，应如何进一步了解其发展的轨迹，又如何才能更好地进行 CIS 策划？您是否知道企业形象策划是如何产生、发展的？如何被中国引进并应用的？

21 世纪的今天，品牌在人们的生活中扮演越来越重要的角色，中国企业在塑造中国品牌的过程中，日益重视企业形象的建设。CIS(企业形象策划)对打造中国品牌立下了汗马功劳。一般认为：CIS 起源于欧洲，成长于美国，深化于日本，中国由台湾省最先引进，而后再到中国大陆。

一、CIS 欧洲起源阶段

CIS 的雏形，最早开始于第一次世界大战以前的欧洲，当时德国的一家电气公司将统一的商标运用在其系列产品上，从此以后，类似的由重视视觉形象而塑造新风貌的事例渐多。这家公司就是德国的 AEG 电器公司。

1908 年，著名建筑设计师彼得·贝伦斯(Peter Behrens)为德国的 AEG 电器公司设计了简明的字母化的标志，同时，他努力将公司的建筑、产品包装、报纸广告、海报以及便条纸、信封等物品的设计风格统一起来，以展示企业形象。这一设计成为实施品牌标志的举动，是统一视觉形象的 CIS 雏形。图 1-6 所示是彼得·贝伦斯为德国 AEG 电器公司设计的标志。

图 1-6　德国 AEG 电器公司企业形象标志

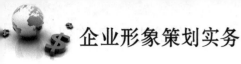

随着 AEG 电器公司"企业形象"的统一化，AEG 电器公司很快在众多企业中脱颖而出，树立了独树一帜的企业形象。由图 1-6 可知，我们熟知的德国 AEG 电器公司的企业形象标志随时代的变迁而经历过几次变化，今天德国 AEG 电器公司使用的是 2000 年版的红色 AEG 企业形象标志。正是 AEG 电器公司的成功，从此以后 CIS 开始发展。

【知识拓展 1-1】

德国 AEG 电器公司

德国 AEG 公司有着超过 100 年的历史，最初发展和销售的目的是为了工业和贸易需要。1887 年制成的第一台电钻，是由铸铁制成的，十分笨重，并且不可移动。后来 AEG 公司开发了轻型，适合人体工程学的可移动工具。1908 年，第一台带有手枪握把的工具出现了，1940 年又发展了第一台旋转式电锤，不久以后第一台直磨机、抛光机、步冲轮廓机和曲线锯也相继在市场上出现。

当 1970 年"自己动手"的热潮出现时，AEG 用第一台两公斤电锤为"自己动手"建立了新的质量和性能标准。在那之后，产品的进步都是建立在较为细致的技术发展和一系列专利申请的基础上，主要有：多功能钻夹头、防振系统和快速装拆系统。1992 年当瑞典的机器工具制造商阿特拉斯科普柯收购了 AEG 电动工具之后，一个新的公司开始出现，并利用它积聚的丰富经验，今天仍继续成为专业需求和热衷于"自己动手"需要的首选工具。今天的德国 AEG 公司的电动工具拥有和过去一样的可靠性、安全性等特点。

(资料来源：http://baike.baidu.com/link?url=tr_y0C3iVlhSaB5JTiufZXR90_EsDYSql9br5Lh73x2hsi3s4uVu1STWSTRBY9GexOJLykqfGa-wwO8Ih7r7nq)

二、CIS 美国成长阶段

第二次世界大战后，国际经济复苏，企业蓬勃发展，竞争加剧。随着企业经营范围的扩大，产品同质化日益严重，企业经营者感觉到建立统一形象、正确传达企业信息并与竞争对手进行区别成为重点，企业形象受到企业的重视。自 20 世纪 50 年代起，欧美大企业纷纷导入 CIS，早期成功导入 CIS 的是美国国际商用机器公司 IBM。IBM 公司前身是计算列表记录公司(Computing-Tabulating-Recording Company)，在 1911 年公司重组之后正式更名为国际商业机器公司(International Business Machines Corporation)。该公司具有很好的品牌意识，在重组之前的计算列表记录公司时期就有自己的企业形象标志，如图 1-7 所示为 1888 年、1891 年、1911 年及 1924 年的标志。重组后企业进行了企业标志的更新，企业标志也从原先的 CTR 三个华丽字母为主体的标志改变为以公司全名为主体元素的球状标志。标志中突出了 International 这个单词，表明了 IBM 的国际化发展道路。该标志伴随 IBM 公司度过了早期发展的 22 年。

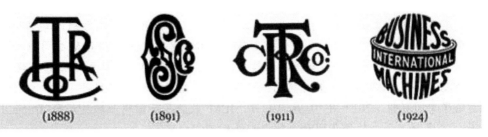

图1-7　IBM公司的早期企业标志

1924版球状标志在IBM公司之后的发展过程中，显得太过繁琐、刻板。1947年，公司决定提升企业形象、更换企业标志，希望新标志能够使企业形象显得更加友好。设计师把公司的全称"International Business Machines"浓缩为"IBM"三个字母，创造出富有美感的造型，将其应用于产品系列、信息流程、整个生产经营过程等各个环节。新的企业形象设计强调一致性和连续性，形成了统一风格，更好地表现了IBM公司的企业特征，在国际市场上树立了鲜明的IBM形象。IBM公司业绩获得很大的提升。

后来，设计师Paul Rand对标志进行了两次调整，1972年，实心字母被调整成7条白色线条分割的字母，"平行线条体现了速度和力量"，且因新"标志非常工整，像是机器自动处理的"，充分体现了IBM公司的特色，如图1-8所示。新版标志同时使用蓝色作为标准色，蓝色的标准色象征高科技的精密和实力。IBM将把多种服务的流程、动作、角色等要素进行分离和标准化，并融入到硬件和软件的设计中，最终，IBM希望构建一个基于资产而非基于人工的服务模式，全面实现"服务产品化"。IBM以千亿美元的规模成功完成了公司业务的转型，上演了"大象跳舞"的华丽转身。IBM公司通过设计塑造新的企业形象，成为美国公众信任的"蓝色巨人"，并在美国计算机行业占据非常显赫的地位。

图1-8　IBM公司的后期企业标志

【知识拓展1-2】

IBM公司

IBM为计算机产业长期的领导者，在大、小型机和笔记本电脑方面的成就最为瞩目。IBM公司1911年创立于美国，总公司在纽约州阿蒙克市，是全球最大的信息技术和业务解决方案公司。IBM的创始人是老托马斯·沃森，后来公司在他的儿子小托马斯·沃森的率领下开创了计算机时代。IBM公司拥有全球雇员30多万人，业务遍及全世界160多个国家和地区,其创立时的主要业务为商用打字机,后转为文字处理机,然后到计算机和有关服务,其创立的个人计算机标准,至今仍被不断地沿用和发展。1993年IBM公司重心从硬件向软件转变,公司业务开始向服务产品化转型。1998年,IBM将全球网络业务以40亿美元卖给了AT&T公司;2000年,IBM将网络设备全部卖给了思科;2004年IBM将旗下的PC部门卖给了中国联想。2013年9月19日,IBM收购了英国商业软件厂商Daeja Image Systems,打算将其并入软件集团和企业内部管理(ECM)业务。

(资料来源:作者根据公开网站和IBM公司官方网站内容整理)

20世纪80年代中期,IBM的蓝色企业标志成为世界十大驰名商标之一。随着IBM公司导入CIS的成功,美国其他公司纷纷效仿,且导入CIS的企业纷纷刷新原有的经营业绩,如克莱斯勒公司因此在20世纪60年代初市场占有率提高18%;东方航空公司凭借CIS的成功导入从破产边缘起死回生。1970年可口可乐公司导入CIS,更新在世界各地的标志,形成了使用至今的、具有强烈视觉冲击、备受社会公众认可的"红飘带"商标,形成独有的红色企业形象,如图1-9所示。20世纪70年代CIS被广泛应用,许多欧美企业不仅将统一的商标系统用于公司的全部产品,还进行各种展示企业形象的活动,它们在推销商品和服务的基础上,进一步做"推销企业"的广告。从此,世界各地掀起了CIS的热潮。

图1-9 可口可乐公司标志

【知识拓展1-3】

可口可乐公司

可口可乐公司成立于1886年,总部设在美国佐治亚州亚特兰大市,是全球最大的饮料公司。1886年,药剂师约翰·彭伯顿(Dr.John.Stith.Pemberton),试验一种新糖浆的配方,其具有提神、镇静以及减轻头痛的作用,他将这种糖浆带到了药房。在一个偶然的机会,药店的伙计把糖浆兑上苏打水(二氧化碳+水)并且加了几块冰后递给客人,结果客人赞不绝口,于是可口可乐诞生了。

合伙人罗宾逊(Frank M.Robinson)从糖浆的两种成分,激发出命名的灵感,这两种成分就是古柯(Coca)的叶子和可拉(Kola)的果实。罗宾逊为了整齐划一,将Kola的K改C,然后在两个词中间加一横，于是 Coca-Cola 便诞生了。目前，全球每天有 17 亿人次的消费者在畅饮可口可乐公司的产品，大约每秒钟售出 19 400 瓶饮料。

可口可乐 1927 年进入中国，相继在上海、天津和青岛设立瓶装厂；1948 年，上海成为美国本土之外第一个年销量突破 100 万箱的城市；1979 年中美恢复邦交后，可口可乐重返中国市场，成为最早重返中国市场的企业之一。目前在中国建有 42 家瓶装厂。

(资料来源：作者根据可口可乐公司官方网站整理)

CIS 在美国发展受到"汽车文化"的影响，因为汽车的高速行驶，人们只能记住简单明了的标记，简洁的图形代替复杂的文字，司机可迅速对标志进行识别判断。这种"瞬间识别"使美国企业家受到启发，他们把企业标志、标准字、标准色等识别要素组成视觉识别系统以显示企业整体形象，所以美国模式的 CIS 战略重视视觉传播，具有鲜明、突出的"视觉设计"特征。即将企业的标志、标准字、标准色、包装、建筑物等进行高度严谨、标准化的系统设计，从而达到使社会公众认知、识别并建立良好企业形象的目的。

三、CIS 日本深化阶段

20 世纪 60 年代，日本进入经济高速增长时期，20 世纪 70 年代，日本经济一片繁荣，CIS 在日本得以迅速传播和普及。1971 年日本第一劝业银行借合并的机会率先导入 CIS，随后，马自达汽车公司对 CIS 进行系统应用，他们虽然在 20 世纪 30 年代已有企业标志，但在 20 世纪 60 年代才启动 CIS 战略，并为日本工商企业树立了典范。我们今天所熟知的马自达公司的企业形象标志是马自达公司与福特公司合作之后设计的企业形象标志，椭圆中展翅飞翔的海鸥，同时又组成"M"字样。"M"是"MAZDA"第一个大写字母，预示着公司将展翅高飞，以无穷的创意和真诚的服务，迈向新世纪。如图 1-10 所示为马自达公司不同时期的企业形象标志。

图 1-10 马自达公司企业形象标志

CIS 的启用，给马自达公司带来全新的、与众不同的形象，给日本企业界带来巨大的冲击，也促使其更快地走向世界。1991 年，马自达公司在世界企业中排名第 57 位。其后，大荣百货、伊势丹百货、本田、三洋公司等众多企业纷纷导入 CIS。CIS 为日本企业树立了良好的企业形象，并创造了很多全球知名品牌，如 SONY、富士等。

20 世纪 80 年代以后，日本 CIS 进入深入发展和创新阶段。日本企业界、设计界在借鉴学习美式 CIS 的基础上逐渐走出单纯照搬、模仿的模式，日本 CIS 既沿袭了美式 CIS 严谨的视觉设计思维，又创造性地把企业导入 CIS 作为一场重新认识、整理企业理念和企业文化的活动，它们在美式 CIS 的基础上加进了企业理念和企业行为的内容，并形成了以企业理念为核心、以企业行为为规范、以企业视觉为表征的 CIS 模式，既丰富了 CIS 的内涵，又使 CIS 发展到一个新的高度。

日本企业在实践中注重人性管理，日本企业 CIS 设计在视觉识别系统的基础上特别重视理念识别、行为识别系统的建设，注重完整地传达企业独特的经营理念，将其上升到企业经营和企业文化建设的高度，突出以人为本的企业文化，这使整个 CIS 的三个体系(MIS、VIS、BIS)更完整、统一。这是日本 CIS 区别于欧美 CIS 的重要特征，标志着 CIS 在日本的深化与成熟。

四、CIS 在中国

在中国，台湾省最先引进 CIS。1967 年，台湾塑料关系企业(台塑集团)在中国企业界首次导入 CIS。台塑董事长王永庆请留日归来的郭叔雄设计其企业标志，郭叔雄根据整个集团的生产经营流程，把所属关系企业的企业识别标志组合为一个整体，利用波浪形外框将关系企业的标志联合起来，用以表现塑胶的可塑性，充分地体现了台塑集团独特的一条龙与一体化企业发展战略和生产经营方式。如图 1-11 与图 1-12 所示是台塑集团 11 家企业和台塑集团的企业形象标志。

图 1-11 台塑集团 11 家企业的形象标志

图 1-12　台塑集团的企业形象标志

台塑集团在导入 CIS 后，树立了独特的企业形象，获得了更大的发展，今天已成为世界化学工业界 50 强企业之一。随后，20 世纪 70 年代，味全、统一等台湾企业先后导入 CIS，CIS 导入后的整体企业形象的提升，极大地提高了它们在市场竞争中的地位。

【知识拓展 1-4】

台塑集团与王永庆

台塑集团(Formosa Plastic Group，亦称台塑关系企业)——台湾最大的工业集团，全球最大的石化企业之一。缘起于1954年创立的福懋公司，1957年更名为台湾塑胶工业股份有限公司 (简称"台塑")，共有30多家子公司和事业部，经营领域横跨塑胶、化纤、货运、机械、医疗、教育等行业，在美国、印尼及中国香港等地设有 6 家海外分公司。台塑关系企业的创办人为王永庆(见图 1-13)、王永在兄弟。

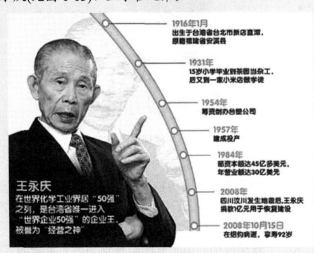

图 1-13　王永庆发展历程图

(资料来源：根据台塑集团官方网站资料整理)

改革开放后，中国大陆到 20 世纪 80 年代中后期才出现 CIS，最初以理论的形式作为美术院校的美术教材被引进。1984年，浙江美术学院从日本引进一套CIS资料，作为教材在学校进行教学使用。后来，各美术大专院校纷纷在原来的平面设计、立体设计等教学中增加了CIS的视觉设计教学内容，介绍CIS的设计概念和技法。

20世纪80年代，经济迅速发展的广东省出现专业的经营理念设计机构，策划实施CIS系统。1988年，广东东莞黄江保健品厂委托广东新境界设计公司负责企业总体策划、设计并导入CIS，1989年更名为广东太阳神集团有限公司，在大陆企业界首例导入企业识别标志，推行视觉识别系统，实施CIS战略。太阳神集团一开始就实施企业名称、产品名称和商标三位一体的一元化策略，其商标运用了中华民族远古文化记载中太阳神的美好传说，同时结合了古希腊神话中的"APOLLO"传说("APOLLO"是赋以万物生机、主宰光明的保护神，亦是诗歌、音乐、健康、力量的美好象征，它是人文初祖的崇拜图腾与现代偶像的完整糅合，是一个永恒的艺术形象)。太阳神集团以"APOLLO"为企业、商标、产品的命名，充分地展现了集团热情、欢乐、健康、智慧、保护和创造的企业精神。太阳神集团在推进CIS的过程中，进行了大量卓有成效的公关活动，如赞助教育、体育、文化事业等，借此迅速提高了企业的知名度，2004年11月，广东太阳神集团有限公司的"太阳神"APOLLO及图形商标成为中国驰名商标，在全国公众心目中树立了良好的企业形象。如图1-14所示为太阳神集团导入CIS确定的企业标志。

图1-14 太阳神集团标志

太阳神集团导入CIS后，企业以崭新的形象面市，面目焕然一新，使人印象深刻，并带来巨大的企业资产增值：1990年，全公司销售总额一举上升为2.4亿元；1991年，销售总额又飞跃为8.5亿元；1992年，销售总额再创12亿元新纪录。四年间产值提高了200倍，短短几年，CIS的导入使一个默默无闻的"万事达"牌生物保健口服液，一跃成为保健饮品中的热销品，企业也从一个规模很小的镇企业脱胎换骨为声名卓著的大型企业集团，成为全国保健品行业中的"大哥大"。CIS的导入使太阳神发生了质的飞跃，太阳神集团公司导入CIS的探索成功，被理论界誉为"中国特色的CIS经典"，创中国企业导入CIS的先河。

以太阳神集团为开端，CIS作为一种科学的管理方法，正被中国越来越多的企业所采纳，它不仅能够提高企业的品牌力量和综合竞争力，而且有利于中国企业提高企业管理水平，积极参与日益激烈的国际市场一体化的竞争。1993 年 6 月，北京新形象展示设计公司主办了"中国首届形象战略研讨会"并发表形象宣言，明确了中国企业形象革命时代的到来。今天，"李宁"、"海尔"、"联想"等企业相继导入 CIS，以鲜明的企业形象屹立于中国市场，并成长为世界级的中国名牌。

五、中国 CIS 策划存在的问题

CIS 策划虽然被中国诸多企业用来塑造企业形象，也取得了一定的成果，但在企业导入 CIS 的过程中仍然存在一些问题。从整体上，看中国企业对 CIS 的认识存在的问题主要表现在以下几个方面。

1. 对 CIS 的重要性认识不足

在中国有一定实力的大企业大都进行 CIS 策划，树立了独树一帜的企业形象。但在市场竞争中的中小企业由于处于初期积累阶段，多采用广告推销产品，以求获得更多的利润，对 CIS 的需求不迫切，对 CIS 的重要性认识不足。

2. 对 CIS 进行片面理解

部分企业经营者对 CIS 的理解过于片面，将其简单化和表面化处理，以为 CIS 就是一个标志或一本手册、一句广告语等，没有把 CIS 看成是企业寻求生存与发展的现代经营战略。有些企业对 CIS 存在着不切实际的期望，或者过分夸大企业形象的作用，将 CIS 单纯地归为大量的广告宣传、促销及公关活动，或者认为只要导入 CIS，企业的一切问题就能迎刃而解。

3. 对 CIS 缺乏系统策划

中国企业目前的 CIS 策划普遍缺乏系统性，在设计阶段，往往重视企业标志等视觉基础要素的设计和传播，而对企业理念及体现企业精神的行为系统重视不足。CIS 战略的实施是一项综合的系统工程，除主要依靠企业内部的力量外，其策划和实施应借助于专业人员的力量来配合。据统计，中国真正系统化运用 CIS 战略的企业尚不足中国企业总数的 10%，尽管少数企业(如"海尔"、"联想"等企业)获得了成功，但从整体上看，中国企业的 CIS 仍然缺乏强烈的民族个性，在市场竞争中所起的作用还有待进一步提升。

总之，中国目前的 CIS 基本属于"拿来型"。 尽管国内近几年有专门从事 CIS 设计甚至研究的专业机构，尽管它们正在尝试塑造中国特色，但仍不尽如人意。中国"拿来型"CIS 表现在两个方面：①企业界对 CIS 认识肤浅，拿 VI 当 CIS，典型的"买椟还珠"；②中国市场经济正处于探索阶段，也处于"拿来"阶段，对西方的管理理论常常消化不良，不能洋为中用。CIS 经历了从德国始创、美国发展、日本成熟、中国台湾省的首先导入再到中国大陆的学习几个阶段。CIS 在中国的实践取得了初步的成功，但中国的 CIS 仍处在学习、模仿和探索之中。中国的 CIS 战略从企业发展方向、经营方向上设计与规划自我，CIS 的创意、策划、设计工作的基础应该只有于中华民族的传统文化、消费心理、审美习惯、艺术品位等，才有可能为世界公众所认同，从而获得成功。"愈是民族的，愈是世界的"，在未来建立以理念系统(MIS)为基础、以行为系统(BIS)为主导、以视觉系统(VIS)为桥梁的中国特色的 CIS 体系，无疑任重而道远。

课 堂 讨 论

1. 企业形象对您来说意味着什么？您比较喜欢的企业是哪些？为什么？
2. 请分析可口可乐与百事可乐两家竞争对手的企业形象的不同点？

项 目 总 结

本项目是企业形象策划的基础认知篇，重点介绍相关的概念。

首先，介绍企业形象的概念：企业形象是社会公众对企业的整体感觉、印象和认知，是企业状况的综合反映，即公众对企业的总体评价，是企业的表现与特征在公众心目中的反映。在此基础上介绍了企业形象的构成要素、评价指标和特征。

其次，介绍企业形象策划即 CIS 的概念：CIS 是企业将其理念、行为、视觉及一切可感知的形象实行的统一化、规范化与标准化的科学管理体系，包括理念识别系统、行为识别系统和视觉识别系统。其功能是：①规范、导向与激励功能；②识别功能；③资产增值功能。进行企业形象策划应坚持系统性、个性化和长远性的原则。

最后，认知企业形象的发展历程：企业形象策划起源于欧洲，成长于美国，深化于日本，经中国台湾再到中国大陆。探讨了中国 CIS 策划存在的问题。

项 目 测 试

一、填空题

1. 企业形象的评价者是_____。
2. 企业形象的评价指标包括_____和_____。
3. 企业形象的特征是_____、_____和_____。
4. CIS 比作一个人的话，_____是心，_____是手，_____是脸，三者偏废一方，都不能形成完整的形象。"心"之想，需要通过"手"之做才能实现，需要通过"脸"

之情才能展现。

5. 企业形象策划起源于_____，成长于_____，深化于_____。

二、多选题

1. 根据公众对企业的重要程度，公众分为(　　)。
   A. 首要公众　　　B. 顺意公众　　　C. 次要公众　　　D. 逆意公众
2. 企业形象策划的功能包括(　　)。
   A. 规范、导向　B. 激励功能　　　C. 识别功能　　　D. 资产增值功能
3. 企业形象策划的原则(　　)。
   A. 系统性原则　B. 整体性原则　　C. 个性化的原则　D. 长远性原则

三、项目实训题

请虚拟成立一家企业，要求满足以下条件。

明确企业名称、企业成立时间、地址、经营的主要商品或提供的主要服务、经营规模，并确定企业商品或服务的目标公众：重要公众和次要公众。

项目二

企业理念塑造

【知识目标】

(1) 掌握企业理念的内容。
(2) 了解企业理念制定的原则。

【技能目标】

(1) 能选择制定企业理念的方法。
(2) 会制定企业理念塑造的方案。

项目导入

人的行为由人的理念支配，企业的行为也由企业理念支配。企业理念是支撑一个企业的无形支柱，也是指引企业前进的行动指南，又是推动企业持续发展的精神动力和精神目标，正如松下幸之助先生所言："一个企业的成功，当然涉及许多方面的条件和因素，而是否有正确的经营理念，无疑是最最重要的因素。换句话说，经营理念居于主导企业成败的地位。企业理念之于企业，犹如罗盘之于航海中的船舶，因此它的重要性不言而喻。"然而企业理念不是凭空产生的，企业必须依据行业特点和本企业特色进行合理的设计。企业理念是企业的核心，它作为企业文化的核心层面和精神层面的要素，深刻地影响着企业经营管理的各个方面。

一个企业如果要设计企业理念，需要重点关注以下两个问题。
(1) 什么是企业理念？企业理念都包括哪些内容？
(2) 怎样设计企业理念？

任务一　明确企业理念的意义及定位

任务导入

《辞海》(1989)对"理念"一词的解释有两条，一是"看法、思想。思维活动的结果"；二是"观念，通常指思想，有时亦指表象或客观事物在人脑里留下的概括的形象"。人有什么样的理念，就会产生什么样的行为，一个人的行为是对其理念的反映。企业也是一样，企业的行为也由其理念所决定，企业理念对于一个现代企业来说至关重要，如图2-1所示是长城汽车股份有限公司的企业理念。

图2-1　长城汽车股份有限公司的企业理念

那么，到底什么是企业理念呢？

项目二　企业理念塑造

企业理念全称理念识别系统(Mind Identity System，MIS)，它是企业整体的价值观和经营思想，是经营观念和经营战略的统一，通常由企业的形象口号、企业使命、价值观、企业精神、企业人才观等组成，其目的是告诉社会公众：我们是谁？我们要做什么？我们为什么而生存？我们怎样做？理念识别系统是企业理念的统一化，被称为"企业的心"。在企业形象策划中，理念识别系统是核心，是原动力。

没有理念的企业只会是一盘散沙。不管自觉与否，一个企业都存在着一种支配自己一切活动的理念。理念识别系统是 CIS 中精神层面的系统，是一种无形资产。用理念来协调企业员工的行为，既能充分发挥企业员工的自主性和创造性，又能使他们的行为自觉趋向一致，构成团结和谐的整体。它是一种无形而有效的管理方式，是企业的精神支柱。企业理念是以某种价值观念来作为企业的最高准则、员工共同的精神信仰与行动指南的。它作为企业的内在动力，会影响企业内部的制度、活动及组织的管理与教育，并扩展到企业的社会公益活动及消费者的认知上，最后由企业规范化、统一化的视觉识别系统和行为识别系统表现出来，达到塑造企业形象的目的。

一、企业理念的意义

1. 表达企业存在的价值

塑造企业理念的目的是为了告诉社会公众：企业是谁？企业要做什么？企业为什么而生存？企业怎样做？清晰的企业理念既可以帮助企业经营者确定有别于其他企业的经营范围，又能从总体上表达企业存在的必要性。塑造企业理念的根本目的是让社会公众充分了解企业特有的价值观，实质上是企业的宣言书。

如果一个企业的经营战略出现了问题，从某种意义上说，就是因其企业理念出现问题而导致的结果。例如，19 世纪著名的照相机生产企业德国蔡司公司的经营危机就是企业理念出现问题导致的。1888 年，柯达公司发明并生产勃朗尼相机，也就是现在人手一台的傻瓜相机，可是当时身为全世界光学产品市场领导者——德国蔡司公司的最高主管宣称："这是愚人潮，顶多维持 3 年。"事实证明傻瓜相机并不是愚人潮，维持了将近一百年，直到 21 世纪智能手机的出现才使傻瓜相机逐渐淡出市场。德国蔡司公司的保守理念使企业在后来面临着巨大的生存危机。

企业理念是企业的一种价值观，它的形成往往来自于企业员工对企业存在意义、社会使命和发展方向的认定，并在具体的生产经营实践中凝聚起强大的精神力量。例如，海尔的企业理念核心是"创新"。"创新"是海尔的"两创"精神(另一创是指"创业")之一，它是海尔文化不变的基因。一方面，海尔的创新力体现在解决方案和管理模式的"破坏性创新"上。通过打造开放的平台型企业，海尔为用户提供美好的生活解决方案。海尔建造的 690 平台以"破坏性创新"推进智慧家电，目标是使海尔成为全球家电的引领者和规则制定者。海尔在全球的五大研发中心作为资源接口，与全球一流供应商、研究机构、著名大学建立战略合作，形成了由 120 多万名科学家和工程师组成的创新生态圈。截至 2012 年年底，海尔累计申请专利 13 952 项，获得授权专利 8 987 项。海尔电器作为主体的 1169 以交互平台和配送平台推进平台型的商业生态网，通过打造营销网、虚网、物流网、服务网四网融合的竞争力，为用户提供 "24 小时按约送达、送装一体" 的服务，提供虚实融合的最佳体验。四网融合的竞争优势为旗下的流通渠道吸引了国内外著名家电品牌进行合作，开放的大件物流平台为全国五大电商以及家电家具企业提供服务。另一方面，"创新"体现在管理方面，海尔通过 "人单合一" 双赢模式的创新，使组织充满激情与创造力，让员工在为用户创造价值的同时实现了自身的价值。其组织架构从 "正三角" 颠覆为 "倒三角"，并进一步扁平为以自主经营体为基本创新单元的动态网状组织，组织中的每个节点接受用户驱动而非领导驱动，通过开放地连接外部资源来满足用户需求。这一创新模式因破解了互联网时代的管理难题而吸引了世界著名商学院、管理专家争相跟踪研究，并将海尔 "人单合一" 双赢模式收入案例库进行教学研究。

"创新" 是在海尔 30 多年发展历程中产生和逐渐形成特色的理念体系。海尔文化理念以观念创新为先导、以战略创新为方向、以组织创新为保障、以技术创新为手段、以市场创新为目标，伴随着海尔从无到有、从小到大、从大到强、从中国走向世界，海尔文化理念本身也在不断创新、发展。海尔的"创新"较好地表达了海尔企业的存在价值。

【知识拓展 2-1】

海尔集团

1984 年在山东青岛创立，经过 30 多年创业创新，从一家资不抵债、濒临倒闭的集体小厂发展成为全球白色家电第一品牌。2012 年，海尔全球营业额 1631 亿元，利润 90 亿元，利润增幅是收入增幅的 2.5 倍。据消费市场权威调查机构欧睿国际(Euromonitor)数据显示，海尔连续四年蝉联全球白色家电第一品牌；在美国波士顿(BCG)管理咨询公司发布的 2012 年度 "全球最具创新力企业 50 强" 中，海尔是唯一进入前十名的来自中国的企业，并且位居消费及零售类企业榜首。

创新使海尔持续健康发展，自 2007 年以来，海尔利润复合增长率达 35%，资金周转天数(CCC)为-10 天，遥遥领先于同行业。

(资料来源：作者根据 http://www.haier.net/cn/about_haier/的资料整理)

2. 决定企业的经营方针

企业理念是企业形象策划的核心，不能把企业理念视为几句口号，应把它作为经营方针的确立、经营目标的确定、管理模式的形成等经营活动的本源和出发点。

项目二　企业理念塑造

　　优秀的企业理念都不是一蹴而就的，它是在企业长期的发展过程中，发扬企业优良传统，适应时代要求，在市场竞争中大浪淘沙，在企业管理过程中形成的组织制度、规章制度和共同的文化观念、价值观、企业目标等内容，并由此产生共同的企业整体氛围和员工对这种氛围的认同与感受。为达到与竞争对手及其他企业相区别的目的，企业理念被人们认为是决定企业经营方针的指导性原则。

　　例如，格力电器自成立以来，以"一个没有创新的企业是一个没有灵魂的企业"、"一个没有核心技术的企业是一个没有脊梁的企业"为座右铭，致力于技术创新，把掌握空调的核心技术作为企业的立足之本。格力电器投入大量人力、物力、财力，建成了行业内独一无二的技术研发体系，组建了一支拥有外国专家在内的5000多名专业人员的研发队伍，成立了制冷技术研究院、机电技术研究院、家电技术研究院、自动化研究院四个基础性研究机构，拥有400多个国家实验室。在技术研发上，格力电器从来不设门槛，需要多少投入多少的做法，让其成为中国空调行业技术投入费用最高的企业。据统计，仅2012年，格力电器在技术研发上的投入就超过40亿元。目前,格力电器在国内外累计拥有专利超过8000项，其中发明专利2000多项，自主研发的超低温数码多联机组、直流变频离心式冷水机组、多功能地暖户式中央空调、1赫兹变频空调、R290环保冷媒空调、无稀土变频压缩机、双级变频压缩机等一系列"国际领先"产品，填补了行业空白，改写了空调行业的百年历史。格力电器是中国空调行业中拥有专利技术最多的企业，也是唯一不受制于外国技术的企业，这正是树立正确的企业理念带来的结果。

【知识拓展 2-2】

格力电器

　　成立于1991年的珠海格力电器股份有限公司是目前全球最大的集研发、生产、销售、服务于一体的专业化空调企业，2012年实现营业总收入1001.10亿元，纳税超过74亿元，连续12年上榜美国《财富》杂志"中国上市公司100强"。2013年前三季度(1～9月)格力电器实现营业总收入887.59亿元，同比增长15.03%；净利润75.79亿元，同比增长42.13%，继续保持稳健发展态势。

　　格力空调是中国空调业唯一的"世界名牌"产品，业务遍及全球100多个国家和地区。家用空调年产能超过6000万台(套)，商用空调年产能550万台(套)；2005年至今，格力空调产销量连续8年领跑全球，用户超过2.5亿。

　　作为一家专注于空调产品的大型电器制造商，格力电器致力于为全球消费者提供技术领先、品质卓越的空调产品，在全球拥有珠海、重庆、合肥、郑州、武汉、石家庄、芜湖、巴西、巴基斯坦9大生产基地，8万名员工，至今已开发出包括家用空调、商用空调在内的20大类、400个系列、7000多个品种规格的产品。

　　实干赢取未来，创新成就梦想。展望未来，格力电器将坚持专业化的发展战略，求真

31

务实，开拓创新，以"缔造全球领先的空调企业，成就格力百年的世界品牌"为目标，为"中国梦"贡献更多的力量。格力电器在国际舞台上赢得了广泛的知名度和影响力，引领"中国制造"走向"中国创造"。

(资料来源：作者根据 http://www.gree.com/about-gree/gsjs_jsp_catid_1241.shtml 的资料整理。)

3. 增强企业员工的凝聚力

美国著名管理学家托马斯·彼得斯(Thomas Peters)说过一句名言："优秀公司的特点是有强烈的文化传统，这种文化传统强烈到使你别无选择，要么顺应它那套规矩，要么另谋高就。"企业理念作为一种精神、一种文化，是企业长期生产和经营实践中形成并发展起来的。例如，谷歌公司，1998年成立，在成立的几年后形成了公司企业理念的"十大信条"：①以用户为中心，其他一切水到渠成；②专心将一件事做到极致；③越快越好；④网络也讲民主；⑤信息需求无处不在；⑥赚钱不必作恶；⑦信息无极限；⑧信息需求无国界；⑨认真不在着装；⑩追求无止境。2013年10月17日，在美国职业社交网站LinkedIn发布的2013年"最受欢迎雇主"榜单中，谷歌公司位居第一位。

优秀的企业理念是企业内部的黏合剂，它能以导向的方式融合员工的目标、信念和作风，激发并造就企业员工的群体意识。企业理念一旦被企业员工认同、接受，员工就会对企业产生强烈的归属感，企业理念具有强大的向心力和凝聚力。

谷歌公司的十大信条的企业理念增强了企业员工的凝聚力，谷歌的员工来自世界各地，使用数十种语言，但却拥有共同的公司目标和愿景。谷歌始终认为：人才成就了如今的谷歌。谷歌聘请聪明睿智、意志坚定的人，谷歌看重能力胜于经验。谷歌员工们工作之余，有着各种各样的兴趣和爱好，如骑自行车、养蜂、玩飞盘、跳狐步舞等。在公司里，每位员工都亲力亲为地做出贡献，并能毫无顾忌地交流各自的想法和观点，平常通过电子邮件或在咖啡厅提出问题。谷歌的办公室和咖啡厅为公司员工进行组内交流和跨组交流提供了便利，可以在休闲娱乐的同时进行工作方面的交谈。在公司每周的全体会议(周五例会)中，谷歌员工可以直接向最高主官拉里(Larry)和其他主管提出大量与公司相关的问题。谷歌有一项传统，每逢周五，谷歌的两位创始人拉里·佩奇(Larry Page)和赛尔吉·布林(Sergey Brin)以及董事长埃里克·施密特(Eric Schmidt)都会与员工们共进午餐。在一个可以容纳近千人的餐厅，大家甚至可以坐在台阶上。此时，谷歌员工会向创始人提出种种"非分"要求，两位创始人多数情况下都会满足员工的要求。比如，有人希望在工作时可以带宠物上班，两位创始人应允了，但前提是宠物不能乱叫和不咬人，第二天谷歌总部就出现了宠物狗。有人希望在公司能够打排球，数周后，谷歌办公楼中间的草坪变成了沙滩排球场。在谷歌，员工不必西装革履，公司的第九大信条是"认真不在着装"。谷歌的每个人都可以选择在自己的时区里工作，或者清晨5点就开始忙碌，或者整晚不睡而白天休息，这种弹性工作制度充分体现了企业对员工工作操守的充分信任。

谷歌公司"十大信条"的企业理念，使其不仅荣获 2013 年《财富》100 家最佳雇主榜单中"最佳雇主"，而且被公认为互联网上五大最受欢迎的网站之一，在全球范围内拥有无数用户。

二、进行企业理念定位

在设计企业理念之前，首先需要对企业理念进行定位，一般企业理念的定位需要考虑三个方面的要素：行业、企业情况，竞争对手的情况，社会公众的需求情况，如图 2-2 所示。

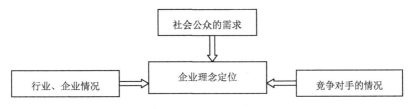

图 2-2　企业理念定位思路

1．了解行业、企业情况

1）了解行业特点

不同行业的生产经营特点不一样，这要求行业内企业在设计企业理念时应确定与行业特点相吻合的形象特征。例如，电器行业翘楚格力电器提出"掌握核心科技"；食品行业雀巢公司提出"营养"的理念，"营养"成为雀巢的基石；日化行业的老大宝洁公司的理念口号则为"亲近生活、美化生活"。这些著名企业的企业理念都完美地反映了行业的特点。

如表 2-1 所示是不同行业在设计企业理念时可侧重考虑的要素。

表 2-1　行业特点

行业名称	行业特点
金融	实力、安全性、可信度、方便性
食品	营养、质量标准、食品安全、信赖感
电气机器	技术、安定性、可信度
服装纺织	知名度、技术指标、规模、销售网点实力
化学药品	安全性、国家标准、技术、规模、发展性
零售业	美誉度、规模、发展性、可信度、市场开拓能力
经销商	服务质量、可信度、规模、美誉度

2）了解企业自身情况

企业理念的定位不能离开企业的实际现状，了解企业自身情况需要从以下几个方面进行：企业的历史沿革、企业规模、企业员工的特点、企业主营产品或商品线、企业的目标消费者、企业的品牌现状及企业目前的知名度和美誉度等。可以通过对企业重要人物的访谈、员工的问卷调查等多种形式了解企业自身的情况。在充分了解以上情况的基础上对其收集的资料进行提炼、升华，形成企业独有的特色。

例如，宝洁公司成立于 1837 年，有超过 170 多年的历史，在全球 80 多个国家和地区开展业务，公司经营 300 多个品牌，其中包括美容美发、居家护理、家庭健康用品等。根据这些事实，宝洁公司把企业宗旨定为："为现在和未来的世世代代，提供优质超值的品牌产品和服务，在全世界更多的地方，更全面地，亲近和美化更多消费者的生活。"

2．了解竞争对手情况

现代市场经济都讲求特色和差异化战略。市场上的知名企业都是由各具特色的商品和服务组成，企业理念也应有自己独特的特点。麦当劳以儿童的快乐作为自己的期望，格力电器以掌握核心科技为特色，海尔以真诚到永远的服务被人津津乐道，这些企业都有区别于竞争对手的独特个性。世界上找不到两个完全一样的企业，企业就像一个有机活体，每个企业都有自己独特的地方，因此也就没有完全相同的企业理念。在企业理念的设计准备阶段，一定要先了解竞争对手的企业理念，以避免出现雷同、撞车现象。例如，在中国著名的快递企业中，宅急送和韵达两家企业作为同一行业的竞争对手，两家企业的企业愿景都是"成为一流的快递公司"。两家企业在"企业愿景"的设计上出现雷同设计，显得缺乏对竞争对手的了解，因此在行业内出现撞车。企业理念的设计，应了解行业内竞争对手的理念设计情况，避免使企业理念的塑造走向只讲形式不讲实际的误区。

3．了解社会公众需求

企业形象策划的最终目标是为了让社会公众认同、记住并产生支持企业的行为。企业理念的定位也需要考虑社会公众的需求。企业面对包括消费者在内的许多社会公众，不同的社会公众对企业有不同的利益要求与关注点，即使是同一类型的公众，他们的需要也是复杂、多变的，因此应在充分了解企业主要公众的基础上，提炼出社会公众认同的企业理念，从而在社会公众心目中树立一个统一的企业形象。

任务二　确定企业理念的内容

任务导入

格力公司作为中国空调行业的佼佼者，塑造了独特的理念系统，企业形象口号是：掌握核心科技。公司的使命、愿景和核心价值观如图 2-3 所示。

项目二　企业理念塑造

▍格力使命	▍格力愿景	▍核心价值观
弘扬工业精神	缔造全球领先的空调企业	少说空话、多干实事
追求完美质量	成就格力百年的世界品牌	质量第一、顾客满意
提供专业服务		忠诚友善、勤奋进取
创造舒适环境		诚信经营、多方共赢
		爱岗敬业、开拓创新
		遵纪守法、廉洁奉公

图 2-3　格力公司的企业理念

　　华为公司是全球领先的信息与通信解决方案供应商，在电信网络、企业网络、消费者和云计算等领域构筑了端到端的解决方案优势。公司致力于为电信运营商、企业和消费者等提供有竞争力的 ICT 解决方案和服务。目前，华为的产品和解决方案已经应用于 100 多个国家和地区，服务全球 1/3 的人口。公司为适应信息行业正在发生的革命性变化，华为围绕客户需求和技术领先持续创新，与业界伙伴开放合作，聚焦构筑面向未来的信息管道，持续为客户和全社会创造价值。基于这些价值主张，华为致力于丰富人们的沟通和生活，提升工作效率。

　　华为公司的核心价值观和价值主张，如图 2-4 所示。

图 2-4　华为公司的核心价值观与价值主张

> 格力与华为分属不同的行业，却不约而同地塑造了自己独特的企业理念。不同的企业具有不同的理念。那么，企业理念都包括哪些内容呢？

企业理念是企业灵魂，为企业指明方向，它不仅影响到企业的产品、营销，还对企业的基本形象和最终发展起到了重要作用。世界上有多少家企业进行了企业理念设计，就会有多少种不同的企业理念。每个企业都有自己独特的企业理念。形式上丰富多彩，并无统一模式，但企业理念的内容仍存在一个规范，不同的企业可以根据不同的情况做不同的取舍。

企业理念包含很多内容，大体可分为两大类，即企业的形象口号和企业的综合理念。

一、企业形象口号

企业形象口号是企业用于对外形象宣传的、能集中反映企业核心理念的，表达简明、易于传播的宣传用语。形象口号不仅能突出企业的形象，也能够调动下属的积极性、进取心和责任感，强化他们的经营观念和行动准则。好的企业形象口号，对于企业激进者是一种鼓励，对于企业落伍者是一种鞭策。形象口号应该具有言简意赅，易于记诵，体现企业理念的特点。例如，中国电信的企业形象口号"世界触手可及"，如图2-5所示。

图2-5 中国电信的企业形象口号

"世界触手可及"体现了电信行业的本质，即让相距千里的信息得以瞬间传递，让远隔重洋的人们能够亲密沟通。"世界触手可及"的描述与电信业务紧密相关，通过手指触摸电话、键盘、鼠标、触摸屏等形象化的动作，让信息、亲情、友谊、机会等瞬间在世界范围内进行传递，表现了中国电信通过领先的综合信息服务来缩短时间、空间的距离，让客户尽情享受信息新生活。"触手可及"可以发展挖掘出一系列的含义：世界、信息、服务、品质、科技、未来、亲情、友谊等都可以通过中国电信的努力而变得触手可及，传递了中国电信作为"世界级综合信息服务提供商"为人们带来的实惠和利益。

企业形象口号主要有以下几种设计方法。

1. 技术开发策略

此类型的企业形象口号以技术为切入点，强调企业的技术掌握情况，标榜以尖端技术为主的企业意识，着眼于企业开发新技术的观念。

例如，杜邦公司的形象口号是"创造科学奇迹"；九阳的形象口号是"领先厨房科技，创造健康生活";格力公司的形象口号是"掌握核心科技";长城公司的形象口号是"专注、专业、专家",如图 2-6 所示。

图 2-6　格力公司与长城公司的形象口号

2. 产品质量策略

企业一般采用质量第一、注重质量等含义来规定或描述企业形象口号,它的目的在于以产品的高质量来树立企业的好形象。

例如,同仁堂的形象口号是:"炮制虽繁,必不敢省人工;品味虽贵,必不敢减物力。" 1669 年(清康熙八年)乐显扬创办同仁堂药室。供奉御药是同仁堂中医药文化的独具特色,在供奉御药期间同仁堂以身家性命担保药品质量,采用最高标准的宫廷制药技术,磨炼出诚实守信的制药道德,使"炮制虽繁,必不敢省人工;品味虽贵,必不敢减物力"的古训得到了进一步升华,形成了"配方独特、选料上乘,工艺精湛、疗效显著"的制药特色,并得以世代弘扬。

杭州胡庆余堂的形象口号是:"采办务真,修制务精。"胡庆余堂是闻名遐迩的"江南药王",是清末著名红顶商人胡雪岩集巨匠、摹江南庭院风格耗白银三十万两于 1874 年创立。胡庆余堂承南宋太平惠民和剂局方,广纳名医传统良方,精心调制庆余丸、散、膏、丹,济世宁人,所生产药品质量上乘,所以在竞争上提倡货真价实,"真不二价"。"真不二价"横匾至今还悬挂在国药号大厅。胡庆余堂崇尚戒欺经营,著名的戒欺匾额是胡雪岩亲笔题写,它告诫属下:"凡百贸易均着不得欺字,药业关系性命,尤为万不可欺。""采办务真,修制务精"是胡庆余堂以"江南药王"饮誉 120 年的立业之本。

统一企业的形象口号是"三好一公道(质量好、信用好、服务好、价钱公道)"。

(1) "质量好"指的是要开发以消费者利益为导向的优质产品,让统一的每一项产品都能达到国际一流的质量标准,甚至领先政府的合格标准规定,成为业界标杆,获得社会肯定,成为消费者最安心的选择。在集团内部以"全员参与质量创新,持续改善创造价值,满足顾客期许"为质量政策,集团每一位员工都很清楚知道当质量与价格不能两全时,以质量为先。

(2) "信用好"是要以诚恳、信实态度参与竞争与合作,获得关系厂商信赖;不生产违背良心制造、有害健康和偷工减料的产品;不以不实广告欺骗顾客;落实正派经营,遵守"君子协定,只要和人有约,就必须履行"的态度,让所有与企业有接触者,都建立起对统一品牌的绝对信任。

(3) "服务好"指的是满足顾客的期望,抱持只要顾客有需要就要服务到的服务心,建立共存共荣、稳健的经营伙伴关系，提供优质的产品服务，赢得顾客的喜爱。

(4)"价钱公道"则是要以赚取合理利润为理念，提供合理的产品价格，以追求童叟无欺的社会公道；秉持"取之社会、用之社会"的态度经营，有盈余就要回馈社会的信念做好服务。"三好一公道"被统一企业员工由小到大、由内而外地落实于每一个经营环节，其背后更深层的意义在于启蒙每一位"统一人"的"正念善行"。

3. 优质服务策略

优质服务策略是企业将理念的设计突出为顾客、为社会提供优质服务的意识，以"顾客至上"作为其形象口号的基本含义。

例如，海尔集团早期形象口号是"真诚到永远"。

北京西单购物中心的形象口号是"热心、爱心、耐心、诚心"。

IBM的形象口号是"最佳服务精神"。

乐购的形象口号是"欢乐购物每一天"。

申通的形象口号是"用心成就你我"。

韵达的形象口号是"传爱心、送温暖、更便利"。

腾讯的形象口号是"一切以用户价值为依归"，如图2-7所示。

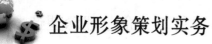

图2-7 腾讯的企业形象口号

纳爱斯集团的形象口号是"只为提升您的生活品质"，如图2-8所示。

图2-8 纳爱斯集团的企业形象口号

4. 目标导向策略

目标导向策略是企业将自己在经营过程中所要达到的目标作为其形象口号。企业目标可分为具体目标和抽象目标，具体目标是指企业要达到的销售、利润或市场目标；抽象目标是指企业要达到的一种社会目标或所要实现的一种精神境界。

例如，迪士尼："让世界更加欢乐"。

方太："高端厨电领导者"。

联合利华公司："使你享受更加完美的生活"。

宝洁公司："亲近生活，美化生活"。

苏宁："中国商业的领先者"，如图2-9所示。

比亚迪:"技术、品质、责任",如图 2-10 所示。

图 2-9 苏宁与比亚迪公司的形象口号　　　　图 2-10 比亚迪公司的形象口号

5. 中英文双表达策略

当今世界已经进入了一个信息传输高速化、商业竞争全球化、科技发展高新化的时代。中国的发展离不开世界,面对这瞬息万变、强手如林、竞争激烈的态势,面对与国际市场接轨的迫切要求,在设计企业形象口号时可以考虑中英文两种表达方式。

例如,联想:"说到做到,尽心尽力(We do what we say. We own what we do.)",如图 2-11 所示。

TCL 公司:"创意感动生活(The Creative Life)",如图 2-12 所示。

新浪:"一切由你开始(You are the one)",如图 2-13 所示。

图 2-11 联想公司的形象口号　　　　图 2-12 TCL 公司的形象口号

图 2-13 新浪公司的形象口号

企业形象理念的设计方法可以有许多种,但使用最多的是以上五种方法。

企业的形象口号也会随着时代的进步、企业的发展壮大、业务日益多元化等原因发生变化。例如,海尔集团步入网络化战略阶段之后,从 2013 年 5 月底开始,在互联网上发起的全球口号征集揭晓。在近 40 万口号中,"你的生活智慧,我的智慧生活"入选。在 2013年 8 月举行的"2013 海尔商业模式创新全球论坛"上,海尔正式发布了步入网络化战略阶段之后品牌的新形象。由原有的形象口号"真诚到永远"更新为新口号"你的生活智慧,我的智慧生活",如图 2-14 所示。

图 2-14　海尔公司的新形象口号

二、企业的综合理念

常见的综合性企业理念由企业愿景、企业使命、价值观、企业精神和企业人才观等内容组成。

1. 企业愿景

企业愿景是企业对"我们代表什么"、"我们希望成为什么样的企业"等问题作出的持久性回答和承诺。企业愿景是指企业的长期愿望及对未来状况、企业发展的蓝图构想,体现了企业的永恒追求。它不断地激励着企业奋勇向前、拼搏向上,是企业的发展方向及战略定位的体现。

"现代管理学之父"彼得·德鲁克认为企业要思考三个问题:第一个问题,我们的企业是什么?第二个问题,我们的企业将是什么?第三个问题,我们的企业应该是什么?这三个问题集中起来体现了一个企业的愿景,即企业愿景需要回答以下三个问题:第一,我们要到哪里去?第二,我们未来是什么样的?第三,目标是什么?

具体而言,企业愿景是指企业长期的发展方向、目标、自我设定的社会责任和义务,明确界定的企业在未来社会范围里是什么样子,其"样子"的描述主要是从企业对社会(也包括具体的经济领域)的影响力和贡献力、在市场或行业中的排位(如世界 500 强)、与企业关联群体(客户、股东、员工、环境)之间的经济关系来进行表述。

优秀企业成长的背后,总有一股经久不衰的推动力,即企业愿景激励着这些企业不断向前。

例如,腾讯企业的愿景是"成为最受尊敬的互联网企业",具体包括四部分:①不断倾听和满足用户需求,引导并超越用户需求,赢得用户尊敬;②通过提升企业地位与品牌形象,使员工具有高度的企业荣誉感和自豪感,赢得员工尊敬;③推动互联网行业的健康发展,与合作伙伴共同成长,赢得行业尊敬;④注重企业责任,关爱社会、回馈社会,赢得社会尊敬。

海尔集团的愿景是"致力于成为行业主导,用户首选的第一竞争力的美好住居生活解决方案服务商"。海尔通过建立"人单合一"双赢的自主经营体模式,对内,打造节点闭环的动态网状组织;对外,构筑开放的平台,成为全球白电行业领先者和规则制定者,全流

项目二 企业理念塑造

程用户体验驱动的虚实网融合领先者，创造互联网时代的世界级品牌。

美的公司的愿景是"做世界的美的"，具体包括两方面内容：①美的致力于成为国内家电行业的领导者，跻身全球家电综合实力前三强，使"美的"成为全球知名的品牌；②美的将不断提升境界、放眼全球，以全球化经营的理念为指引，瞄准国际领先企业，不断创新、深化改革、培养人才，打造具有全球优势的企业价值链。

【知识拓展2-3】

其他知名企业的愿景

纳爱斯愿景：为世界更美好。

九阳愿景：九阳，创造健康生活。

华为公司愿景：丰富人们的沟通和生活。

迪士尼公司愿景：成为全球的超级娱乐公司。

鹰腾咨询愿景：具有专业品质和职业精神的全球化专业智囊机构。

联想公司愿景：未来的联想应该是高科技的联想、服务的联想、国际化的联想。

伊利愿景：引领中国乳业，打造世界品牌。

宝洁愿景：成为并被公认为提供世界一流消费品和服务的公司。

(资料来源：根据各公司的官方网站资料整理)

2. 企业使命

企业使命是在界定了企业愿景的基础上，具体表述企业在社会中的经济身份或角色，在社会领域里，该企业是分工做什么的，在哪些经济领域里为社会做贡献。它含有两层意思：功利性和社会性。任何企业都将追求最大限度的利润作为其基本的使命之一，同时它作为社会构成中的细胞，必然对社会承担相应的责任，为社会的繁荣和发展完成应尽的义务。在实际中，企业要兼顾功利和社会责任，舍去任何一个，企业都将无法生存。因而，明确了企业使命，就明确了企业自身存在的意义，找到了企业存在的位置。企业使命是企业经营者确定的企业生产经营的总方向、总目标、总特征和总的指导思想，即企业使命是企业生产经营的形象定位，它反映了企业试图为自己树立的形象，诸如"我们是一个愿意承担责任的企业"、"我们是一个健康成长的企业"等，在明确的形象定位指导下，企业的经营活动就会始终向公众昭示这一点。

企业使命是企业存在的目的和理由。明确企业的使命，就是要确定企业必须承担的责任或义务。

20世纪20年代，AT&T的创始人提出"要让美国的每个家庭和每间办公室都安上电话"。20世纪80年代，比尔·盖茨如法炮制："让美国的每个家庭和每间办公室桌上都有一台PC"，到今天AT&T和微软都基本实现了它们的使命。

企业使命足以影响一个企业的成败。彼得·德鲁克基金会主席、著名领导力大师弗兰西斯(Frances)女士认为：一个强有力的组织必须依靠使命驱动。企业的使命不仅回答企业是做什么的，更重要的是为什么做，这也是企业终极意义的目标。

崇高、明确、富有感召力的企业使命不仅为企业指明了方向，而且使企业的每一位成员明确了工作的真正意义，激发出内心深处的动机。

例如，微软的使命是："Microsoft 公司致力于帮助全球的个人用户和企业展现他们所有的潜力。这是我们的使命。我们所做的一切都反映了这一使命以及兑现该使命的价值。"

腾讯的使命是：通过互联网服务提升人类生活品质，具体包括①使产品和服务像水和电一样源源不断地融入人们的生活，为人们带来便捷和愉悦；②关注不同地域、不同群体，并针对不同对象提供差异化的产品和服务；③打造开放共赢平台，与合作伙伴共同营造健康的互联网生态环境。

联合利华的使命是：让您的生活更具活力！我们的众多品牌满足您对营养、卫生、个人护理的日常需求；让您心情愉悦、神采焕发，享受更加完美的生活。

可口可乐公司的使命是：令全球人们的身体及思想更怡神畅快，让品牌与行动不断激励人们保持乐观向上；让我们所触及的一切更具价值。

百事可乐的使命是：我们立志使百事公司成为世界首屈一指、主营方便食品和饮料的消费品公司。在为雇员、业务伙伴及业务所在地提供发展和致富机会的同时，我们也努力为投资者提供良性的投资回报。诚实、公开、公平、正直是我们所有经营活动所遵循的原则。

【知识拓展2-4】

其他知名企业的使命

伊利使命：不断创新，追求人类健康生活。

利郎使命：为人类倡导一个简约而不简单的生活方式。

百度的使命：让人们最平等便捷地获取信息，找到所求。

杜邦的使命：实现可持续发展，在增加股东和社会价值的同时，减少经营活动给环境留下的"印迹"。

三星电子的使命："激励世界，创造未来"(Inspire the world, Create the future)。

(资料来源：根据各公司的官方网站资料整理)

3. 企业价值观

企业价值观是指企业在追求经营成功的过程中所推崇的基本信念和奉行的目标。从哲学上说，价值观是关于对象对主体有用性的一种观念，而企业价值观是企业全体或多数员工一致赞同的关于企业意义的终极判断，它是企业所有员工共同持有的，而不是一两个人所持有的，它是支配员工精神的主要的价值观。企业价值观是长期积淀的产物，而不是突然产生的；它是有意识培育的结果，而不是自发产生的。

【知识拓展 2-5】

不同企业的价值观

不同行业的企业，其价值观应结合行业、企业特点来进行设计，在同行业之间应避免雷同，价值观应能够反映一个企业的基本特征。

1. 苏宁公司的价值观

苏宁公司把价值观表述为："做百年苏宁，国家、企业、员工，利益共享；树家庭氛围，沟通、指导、协助，责任共当。"

2. 百度的核心价值观

百度的核心价值观："简单可依赖。"

3. 微软的价值观

微软的核心价值观："正直诚实；对客户、合作伙伴和新技术充满热情；直率地与人相处，尊重他人并且助人为乐；勇于迎接挑战，并且坚持不懈；严于律己，善于思考，坚持自我提高和完善；对客户、股东、合作伙伴或者其他员工而言，在承诺、结果和质量方面值得信赖。"

4. 海尔集团的核心价值观

海尔集团的核心价值观："是非观——以用户为是，以自己为非；发展观——创业精神和创新精神；利益观——人单合一双赢。"

5. 利郎集团的核心价值观

利郎集团在国内首倡"商务休闲"男装概念，经过20多年的探索，已发展成为集设计、产品开发、生产、营销于一体的中国商务男装领军品牌。现公司旗下拥有品牌：利郎LILANZ、子品牌L2。

"简约而不简单"，是利郎的设计哲学，也是利郎 20 多年来精心诠释和演绎的核心价值。从最初的"取舍之间、彰显智慧"，到"多则惑，少则明"的舍弃哲理，再到"世界无界，心容则容"的高远境界。每一步探索，简约与精致同行，突破与传统融汇。在不懈的求解、取舍和升华中，融合中国智慧的利郎简约哲学融汇而成包容世界的简约新主张，为全球商务人士带来全新的品牌价值体验。

6. 伊利核心价值观

伊利核心价值观："Health——健康兴旺,基业长；伊利人(Human)、效率(Efficiency)、创新(Alteration)、责任(Liability)、团队(Team)、诚信(Honesty)。"

7. 杜邦公司核心价值观

200 多年来，核心价值观一直是杜邦的身份和信念的基础。即使杜邦公司和整个世界都已发展并改变，杜邦也未曾改变共同许下的对核心价值观的承诺。其核心价值观包括以下几个方面。

(1) 安全与健康：我们坚持以最高标准确保员工、客户以及我们经营的社区中人员的安全和健康。

(2) 环境监管：我们将环境问题作为所有业务活动不可或缺的一部分，以此来保护环境并增强业务发展。我们不断努力地使我们的行为符合公众的期望。

(3) 最高标准的职业操守：我们遵循所有适用的法律、法规并以最高的职业道德标准从事生产经营。我们努力做一个受尊敬的全球企业公民。

(4) 尊重他人：我们努力营造良好的工作环境，使每一位员工都得到尊重，并因其对公司所做的贡献而获得认可。

8. 三星电子价值观

三星人相信，企业腾飞的关键是要有强有力的价值定位来支持每项工作。因此，严格的行为规范以及这些核心价值已成为三星决策的关键所在。

(1) 尊重人才：简而言之，三星秉承"人才即公司全部"的哲学。公司一直努力为三星人提供多种机会，让其充分施展各自才华。

(2) 追求卓越：三星人拥有不屈不挠、追求卓越的激情，承诺为顾客提供全球最高水平的产品及服务。

(3) 主导变革：如今全球经济快速发展，变革是永恒的主题，只有不断创新，企业才能继续生存。过去70年间，三星始终如一地贯彻这个品质，着眼于未来，积极预测市场需求及需要，成功实现企业繁荣发展，源远流长。

(4) 正当经营：以符合伦理道德的方式经营是三星事业的基础。任何工作都在相应道德标准指导下进行，尊重每位股东，保证公平和完全透明。

(5) 共同繁荣：如果一个企业不能为其他企业或个人创造商机和繁荣，那它就无法取得真正的成功。三星致力于成为全球优秀企业公民，承担其社会和环保责任，追求每个社区、国家以及人类社会的共同繁荣。

9. 宝洁公司价值观

图2-15所示，就是宝洁人以及他们遵从的价值观。宝洁吸引和招聘世界上最优秀的人才。公司通过组织制度实行选拔、提升和奖励表现突出的员工。公司坚信，宝洁的所有员工始终是公司最为宝贵的财富。以下为宝洁公司价值观的详细解释。

(1) 领导才能。我们都是各自职责范围内的领导者，兢兢业业地在各自岗位上做出显著的成绩。我们对我们的工作前景有清楚的认识。我们集中各种资源去实施领导策略，实现领导目标。我们不断地发展自身的工作能力，克服组织上的障碍，实现公司的战略。

(2) 主人翁精神。我们担负起各自的工作责任，从而实现满足公司业务的需要，完善公司体制和帮助其他员工提高工作成效的目标。我们以主人翁精神对待公司的财产，一切行为着眼于公司的长远利益。

图 2-15 宝洁公司价值观

(3) 诚实正直。我们始终努力去做正确的事情。我们诚实正直，坦率待人。我们的业务运作恪守法律的文字规定和内涵精神。我们在采取每一个行为、做出每一决定时，始终坚持公司的价值观和原则。我们在提出建议时，坚持以事实为依据，并正确估计和认识风险。

(4) 积极求胜。我们决心将最重要的事做得最好。我们不会满足于现状，不断地去寻求突破。我们有强烈的愿望去不断完善自我，不断赢取市场。

(5) 信任。我们尊重公司的同事、客户和消费者，以我们希望被对待的方式来对待他们。我们相互信任各自的能力和意向。我们笃信，彼此信任才能使员工有最佳的工作表现。

4. 企业精神

企业精神是指企业员工共同具有的内心态度、思想境界和理想追求，它体现着企业的精神风貌和企业的风气。人们对它的认识不完全一致，有人认为它是企业全部的精神现象和精神活力，有人把它同企业价值观念等同起来，这些认识都没有抓住企业精神的实质。所谓企业精神，主要是指企业经营管理的指导思想，在美国称之为"企业哲学"，在日本称之为"社风"。美国著名管理学者托马斯·彼得斯(Thomas Peters)曾说："一个伟大的组织能够长期生存下来，最主要的条件并非结构、形式和管理技能，而是我们称之为信念的那种精神力量以及信念对组织全体成员所具有的感召力。"

企业精神是现代意识与企业个性相结合的一种群体意识。"现代意识"是现代社会意识、市场意识、质量意识、信念意识、效益意识、文明意识、道德意识等汇集而成的一种综合意识。"企业个性"包括企业的价值观念、发展目标、服务方针和经营特色等内容。每个企业都有其各具特色的企业精神，它往往以简洁而富有哲理的语言形式加以概括，通常通过厂歌、厂训、厂规、厂徽等形式形象地表达出来。一般来说，企业精神是企业全体或多数员工共同一致的，彼此共鸣的内心态度、意志状况和思想境界。它可以激发企业员工的积极性，增强企业的活力。企业精神作为企业内部员工群体心理定式的主导意识，是企

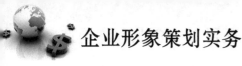

业经营宗旨、价值准则、管理信条的集中体现，它构成企业文化的基石。企业精神反映了企业的特点，它与生产经营不可分割，企业精神不仅能动地反映与企业生产经营密切相关的本质特征，而且鲜明地显示企业的经营宗旨和发展方向。它能较深刻地反映企业的个性特征并发挥它在管理上的影响，起到促进企业发展的作用。

企业精神一旦形成群体心理定式，既可以通过明确的意识支配行为，也可以通过潜意识产生行为。其信念化的结果，会大大提高员工主动承担责任和修正个人行为的自觉性，从而主动地关注企业的前途，维护企业声誉，为企业贡献自己的全部力量。

企业精神包括三个内容：①员工对本企业的特征、地位、形象和风气的理解和认同；②由企业优良传统、时代精神和企业个性融会的共同信念、作风和行为准则；③员工对本企业的生产、发展、命运和未来抱有的理想和希望。企业可以根据自己的情况提炼出能够充分显示自己企业特色的企业精神。

【知识拓展 2-6】

各知名企业的企业精神

苏宁的企业精神：执着拼搏，永不言败。

小米的企业精神：自由(Freedom)、创新(Creativity)、极客(Geek)、团队(Team)。小米人都富有激情，且有很强的极客精神；小米人虽来自多家 IT 公司，但内部团结友爱。小米精神口号：Mission Impossible。

TCL 的企业精神："敬业、诚信、团队、创新。"

波音公司的企业精神："我们每一个人都代表公司。"

开拓农机公司的企业精神："世界各地二十四小时服务。"

雷欧·伯纳特广告公司的企业精神："创造伟大广告。"

美国电报电话公司的企业精神："普及的服务。"

百事可乐公司的企业精神："胜利是最重要。"

【知识拓展 2-7】

海尔集团的企业精神、工作作风

海尔集团的企业精神、工作作风：求变创新，是海尔始终不变的企业语言；更高目标，是海尔一贯的企业追求。

(1) 第一个十年：创业，创出中国第一名牌。

海尔精神：无私奉献 追求卓越。

海尔作风：迅速反应 马上行动。

(2) 第二个十年：创新，走出国门，创国际化企业。

海尔精神：敬业报国 追求卓越。

海尔作风：迅速反应 马上行动。

（3）第三个十年：创造资源，实施全球化品牌战略。

海尔精神：创造资源 美誉全球。

海尔作风：人单合一 速决速胜。

海尔企业精神的创新之路，就是海尔的品牌之路。但无论怎样调整，海尔人都自始至终胸怀着一个崇高的指向：创世界顶级品牌！

5. 企业人才观

企业人才观是指企业对于人才的本质及其发展成长规律的基本观点。企业在进行人才培养、教育、使用、考核、引进等方面工作时，都受到一定的人才观的影响。因此，企业人才观对于人才在企业所发挥的作用至关重要。

随着经济全球化发展，人才与科技已成为竞争取胜的决定因素。企业在实施全球化战略中，已将招募人才提升为企业"第一要务"，不断创新人才理念与战略。

【知识拓展 2-8】

海尔集团的人才观

海尔集团人才观："人人是人才，赛马不相马"的赛马机制。

海尔集团人才观可具体表述为以下五点。

1. 人人是人才，赛马不相马

海尔集团认为员工能够翻多大跟头，取决于给员工搭建多大舞台。现在缺的不是人才，而是出人才的机制。管理者的责任就是要通过搭建"赛马场"为每个员工营造创新的空间，使每个员工都成为自主经营的 SBU。

赛马机制具体而言，包含三条原则：①公平竞争，任人唯贤；②职适其能，人尽其才；③合理流动，动态管理。

在用工制度上，实行一套优秀员工、合格员工、试用员工"三工并存，动态转换"的机制。在干部制度上，海尔对中层干部分类考核，每一位干部的职位都不是固定的，届满轮换。海尔人力资源开发和管理的要义是，充分发挥每个人的潜在能力，让每个人每天都能感到来自企业内部和市场的竞争压力，又能够将压力转换成竞争的动力，这就是企业持续发展的秘诀。

2. 授权与监督相结合(即充分的授权必须与监督相结合)

海尔集团制定了三条规定：在位要受控，升迁靠竞争，届满要轮岗。

"在位要受控"有两个含义：①干部主观上要能够自我控制、自我约束，有自律意识；②集团要建立控制体系，控制工作方向、工作目标，避免犯方向性错误，再就是控制财务，避免违法违纪。

"升迁靠竞争"是指有关职能部门应建立一个更为明确的竞争体系，让优秀的人才能够顺着这个体系上来，让每个人既感到有压力，又能够尽情施展才华，不至于埋没人才。

"届满应轮岗"是指主要干部在一个部门的时间应有任期，届满之后轮换部门。这样做是防止干部长期在一个部门工作，思路僵化，缺乏创造力与活力，导致部门工作没有新局面。轮流制对于年轻的干部来说还可增加锻炼机会，成为多面手，为企业今后的发展培养更多的人力资源。

3. 人材、人才、人财

"人材"，这类人想干，也具备一些基本素质，但需要雕琢，企业要有投入，其本人也有要成材的愿望；"人才"，这类人能够迅速融入工作、能够立刻上手；"人财"，这类人通过其努力能为企业带来巨大财富。

对海尔来说，好用的人就是"人才"。"人才"的雏形，应该是"人材"，这是"人才"的毛坯，是"原材料"，需要企业花费时间去雕琢。但在如今堪称"生死时速"的激烈的市场竞争中，企业没有这个时间。"人才"的发展是"人财"。"人才"是好用的，但是好用的人不等于就能为企业带来财富；作为最起码的素质，"人才"认同企业文化，但有了企业文化不一定立刻就能为企业创造价值。光有企业文化还不行，还要能为企业创造财富，这样的人方能成为"人财"。无论是经过雕琢、可用的"人材"，还是立刻就能上手的、好用的"人才"都不是企业的最终目的，企业要寻求的是能为企业创造财富和价值的"人财"！只有"人财"才是顶尖级人才，来了就可以为企业创造财富、创造价值。企业企业要想兴旺发达，就要充分发现和使用"人财"。

4. 今天是人才，明天未必还是人才

人才的定义，就要看为社会创造价值的大小，每一位海尔人都应该而且能够成为人才，为社会创造更大的价值。人才是一个动态的概念，现在市场竞争非常激烈，今天是人才，明天就未必还是人才，海尔人应该不断自我超越，不断提高自身素质。如何不断提高自身素质，做永远的人才？一定要有自己的理想、自己的目标！如果没有坚定的目标，在提高自身素质、自我挑战的过程中就会彷徨、动摇。每个海尔人都有自己的梦想，而这个梦想一定要和海尔创造世界名牌的大目标结合起来。

5. 全员增值管理

海尔实行让每个人通过创新实现增值的管理，即全员增值管理(Total Value Management，TVM)。全员增值管理的关键在"V"，即 Value(价值)。这是将品牌增值的目标细化到每个人的增值目标之中。

TVM 和 SBU 机制的区别：SBU 是策略事业单位，其标志是每个人都有市场目标、市场订单、市场效果和市场报酬，表现在每个人都有一张损益表。但损益表中，有盈利的，也有亏损的，盈利的 SBU 才能产生增值。TVM 是让每位员工通过创新产生增值的管理模式，增值的 SBU 才是有意义的！

项目二 企业理念塑造

【知识拓展 2-9】

其他知名企业的人才观

苏宁人才观:人品优先,能力适度,敬业为本,团队第一。

格力人才观:以人为本。

微软人才观:您的潜力,我们的动力(Your potential, Our motivation.)。

美的集团人才观:人力资本是美的第一资本;公正、公平、公开地对待员工;不承诺终身就业,培养员工终身就业的能力。

(资料来源:根据各公司的官方网站资料整理)

不同的企业有不同的企业理念,无论企业选择哪一种理念策略,在设计理念时,都应根据企业的自身特点与需要,够用就行,不必面面俱到,多了不容易被记住。

一个优秀的企业理念系统=企业目标+公众心理+信息个性+审美情趣

(1) 企业理念应该能够体现企业目标,企业目标包括企业的社会目标与经济目标,即理念应反映企业的生存意义、企业家的志向与抱负。

(2) 企业理念应具有信息个性,就是要独特、新颖,与其他企业不雷同,体现创造性。人类对差异性有先天的反应。不管多么杰出的企业理念,如果相同的东西连续多次出现之后,就不会在感觉上产生反应。因此,企业理念设计必须善于认识和判断差异,自觉地利用差异来进行企业理念策划活动。成功的企业理念设计必须要有个性,再好的模仿性企划都不会发出耀眼的光泽。企业理念设计的个性化也应同企业的内涵特质相统一,要因地而宜,因经营商品而宜,突出特色,强化个性。

(3) 企业理念应符合公众心理即应符合社会公众的心理认知、心理评价,要让内外公众能认同,有正确的理解。

(4) 应具有审美情趣,既要有哲学家的思维高度,又要使用老百姓能懂的精美语言,语言要朗朗上口,易于理解,便于记忆,宜于传播,不产生歧义与误解。

企业理念是企业形象策划的基础、核心与原动力,企业理念设计完成后,应渗透在视觉识别系统(VIS)和行为识别系统(BIS)中,并通过执行视觉识别系统和行为识别系统进一步落实企业理念,使其得以体现出来,以从根本上将一个企业与另一个企业区别开来,达到塑造独特企业形象的结果。

【著名企业理念案例】

阿里巴巴集团

1999年马云带领17人在杭州创立阿里巴巴集团,其经营多元化的互联网业务,致力为全球交易者创造便捷的交易渠道。自成立以来,阿里巴巴集团建立了领先的消费者电子商

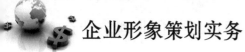

务、网上支付、B2B 网上交易市场及开展了云计算业务，近几年更积极开拓无线应用、手机操作系统和互联网电视等领域。集团以促进一个开放、协同、繁荣的电子商务生态系统为目标，旨在对消费者、商家以及经济发展做出贡献。在大中华地区、新加坡、印度、英国及美国设有 70 多个办事处，共有 20 400 多名员工。

1. 阿里巴巴集团主要业务、关联公司简介及其形象口号

(1) 阿里巴巴国际交易市场：全球领先的小企业电子商务平台。

创立于 1999 年，现为全球领先的小企业电子商务平台，阿里巴巴旨在打造以英语为基础、任何两国之间的跨界贸易平台，并帮助全球小企业拓展海外市场。阿里巴巴国际交易市场服务全球 100 多个国家和地区数以百万计的买家和供应商，展示超过 40 个行业类目的产品。

(2) 1688：中国领先的小企业国内贸易电子商务平台。

1688 创立于 1999 年，现为中国领先的小企业国内贸易电子商务平台。1688 早年定位为 B2B 电子商务平台，近年逐步发展成为网上批发及采购市场，其业务重点之一是满足淘宝平台卖家的采购需求。

(3) 全球速卖通：全球领先的消费者电子商务平台之一。

全球速卖通创立于 2010 年 4 月，是全球领先的消费者电子商务平台之一，集结了不同的小企业卖家，提供多种价格实惠的消费类产品。全球速卖通目前服务数百万来自 100 多个国家和地区的注册买家，覆盖 20 多个主要产品类目，其目标是向全球消费者提供具有特色的产品。

(4) 淘宝网：中国最受欢迎的 C2C 网上购物平台。

淘宝网成立于 2003 年 5 月，是中国最受欢迎的 C2C 购物网站，致力向消费者提供多元化且价格实惠的产品选择。根据 Alexa 的统计，淘宝网是全球浏览量最高的 20 个网站之一。2013 年，淘宝网和天猫平台的交易额合计突破人民币 10 000 亿元。

(5) 天猫：中国领先的 B2C 优质品牌产品零售网站。

天猫是中国领先的平台式 B2C 购物网站，致力提供优质的网购体验，于 2008 年 4 月创立，在 2011 年 6 月独立于淘宝网的 C2C 交易市场，自行运营。自推出以来，天猫已发展成为日益成熟的中国消费者选购优质品牌产品的目的地。根据 Alexa 的统计，天猫是中国浏览量最高的 B2C 零售网站。

(6) 聚划算：中国全面的品质团购网站。

聚划算是中国全面的品质团购网站，由淘宝网于 2010 年 3 月推出，于 2011 年 10 月成为独立业务，其使命是结合消费者力量，以优惠的价格提供全面的优质商品及本地生活服务选择。

(7) 一淘：提供全面信息的中国网上购物搜索引擎。

一淘是中国全面覆盖商品、商家及购物优惠信息的网上购物搜索引擎，由淘宝网在 2010 年 10 月推出，于 2011 年 6 月成为独立业务。一淘旨在为网上消费者打造"一站式的

购物引擎",协助他们做购买决策,并更快找到物美价廉的商品。一淘的功能和服务包括商品搜索、优惠及优惠券搜索、酒店搜索、返利、淘吧社区等。一淘的搜索结果涵盖多个 B2C 购物网站和品牌商家的商品和信息,包括淘宝网、天猫以及亚马逊中国、当当网、国美、一号店、Nike 中国及凡客诚品等。

(8) 阿里云计算:云计算与数据管理平台开发商。

阿里云计算于 2009 年 9 月创立,现为云计算与数据管理平台开发商,其目标是打造互联网数据分享第一服务平台,并提供以数据为中心的云计算服务。阿里云计算致力向淘宝系平台卖家以及第三方用户提供完整的互联网计算服务,包括数据采集、数据处理和数据存储,以助推阿里巴巴集团及整个电子商务生态系统的成长。

(9) 支付宝:中国最多人选用的第三方网上支付平台。

支付宝成立于 2004 年 12 月,致力为数以亿计的个人及企业用户提供安全可靠、方便快捷的网上支付和收款服务。在 2012 年 11 月 11 日,支付宝完成了超过 1 亿笔交易,创下了单日交易量的新高。支付宝是中国互联网商家首选的网上支付方案,它提供的第三方信用担保服务,让买家可在确认所购商品满意后才将款项支付给商家,降低了消费者网上购物的交易风险。支付宝与多个金融机构包括全国性银行、各大地区性银行以及 Visa 和 MasterCard 合作,为国内外商家提供支付方案。除淘宝网和天猫外,支持使用支付宝交易服务的商家已经涵盖了网上零售、虚拟游戏、数码通讯、商业服务、机票、公用事业等行业。支付宝同时提供有助全球卖家直销到中国消费者的支付方案,支持 14 种主要外币的支付服务。

2. 阿里巴巴集团综合理念

(1) 我们的梦想:通过发展新的生意方式创造一个截然不同的世界。

(2) 阿里巴巴的使命:让天下没有难做的生意。

(3) 阿里巴巴的愿景:分享数据的第一平台,幸福指数最高的企业,"活 102 年"。

阿里巴巴集团拥有大量市场资料及统计数据,为履行该企业对中小企业的承诺,该企业正努力成为第一家为全部用户免费提供市场数据的企业,希望让他们通过分析数据,掌握市场先机,继而调整策略,扩展业务。该企业同时希望成为员工幸福指数最高的企业,并成为一家"活 102 年"的企业,横跨三个世纪(阿里巴巴于 1999 年成立)。

(4) 阿里巴巴的价值观:我们坚持"客户第一、员工第二、股东第三"。

阿里巴巴集团有六个核心价值观,是企业文化的基石和公司 DNA 的重要部分。该六个核心价值观如下。

客户第一:客户是衣食父母。

团队合作:共享共担,平凡人做平凡事。

拥抱变化:迎接变化,勇于创新。

诚信:诚实正直,言行坦荡。

激情:乐观向上,永不言弃。

敬业：专业执着，精益求精。

(资料来源：阿里巴巴，http://page.1688.com/group/culture_value.html?spm=a260r.149317.0.0)

课 堂 讨 论

1. 请列举出您最喜欢企业的企业理念。
2. 中国著名企业的理念对您来说意味着什么？您比较喜欢的企业理念是哪些？为什么？

项 目 总 结

本项目是企业理念塑造，分为两个任务：

任务一明确企业理念的意义及定位。首先介绍企业理念的概念。企业理念识别系统(Mind Identity System，MIS)，它是一种企业整体的价值观和经营思想，是经营观念和经营战略的统一，通常由企业的形象口号、企业使命、价值观、企业精神、企业人才观等组成。MIS 是企业理念的统一化，被称为"企业的心"。在企业形象策划中，MIS 是核心，是原动力。其次，明确企业理念的意义：①表达企业存在的价值；②决定企业的经营方针；③增强企业员工的凝聚力。最后进行企业理念定位：①了解行业、企业情况；②了解竞争对手的情况；③了解社会公众的需求情况。

任务二确定企业理念的内容。企业理念的内容包含很多，一般来说，企业理念可大体分为两大类：企业的形象口号和企业的综合理念。企业形象口号是企业用于对外形象宣传，能集中反映企业核心理念的，表达简明、易于传播的宣传用语。企业形象口号的设计方法主要有：①技术开发策略；②产品质量策略；③优质服务策略；④目标导向策略；⑤中英文双语表达策略。企业常见的综合性理念由企业愿景、企业使命、价值观、企业精神和企业人才观等不同内容组成，并列举了大量企业的相关企业理念。

项 目 测 试

一、填空题

1. 理念识别系统(MIS)是企业理念的统一化，被称为_____。在企业形象策划中，MIS 是_____，是_____。

2. 设计企业理念具有的意义：_____、_____和_____。

3. 企业形象口号是企业用于对外形象宣传，能集中反映_____的，表达_____、易于_____的宣传用语。

二、思考题

1. 怎样进行企业理念定位？
2. 企业形象口号主要有哪几种设计方法？
3. 常见的综合性企业理念由哪些内容组成？

三、项目实训题

请根据企业理念定位的方法，在综合考虑企业的相关情况下，为您虚拟设立的企业设计一组理念。

要求：最少包括以下几项内容：形象理念口号、企业的使命、企业的价值观和企业的人才观。

项目三

企业视觉系统设计

【知识目标】

(1) 掌握企业视觉系统基础要素与应用要素的内容。
(2) 了解企业视觉系统设计的原则。

【技能目标】

(1) 能选择设计企业基础要素的方法。
(2) 会制定企业视觉应用要素使用的方案。

项目导入

美国的一位语言学家研究表明，从记忆的角度来说，声音要素占 38%，视觉要素占 55%，语言要素占 7%，如图 3-1 所示。视觉是通过视觉系统的外周感觉器官(眼)接受外界环境中一定波长范围内的电磁波刺激，经中枢有关部分进行编码加工和分析后获得的主观感觉。

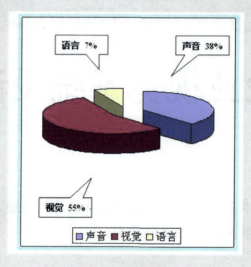

图 3-1 沟通三要素

视觉传播成为企业传达信息的重要手段之一，它是企业表层形象的载体，可直接、迅速地给社会公众留下"第一印象"如麦当劳。要让社会公众在"第一印象"中迅速了解企业的行业特点和经营特色，了解企业的优势，就应对企业的外观形象进行设计。

一个企业如果要设计企业视觉识别系统，需要重点关注以下两个问题：

(1) 什么是企业视觉识别系统？企业视觉识别系统的基本要素都包括哪些内容？

(2) 怎样设计企业视觉识别系统？

任务一　认知企业视觉识别系统

任务导入

一提起可口可乐，人们想到的是红色，红色容易引起注意，具有较佳的视觉效果，可口可乐用的红色是热烈、充满冲动、是强有力的色彩，它能使肌肉的机能和血液循环加快，被可口可乐公司用来传达具有活力、积极、热诚、温暖、前进等含义的企业形象与精神。

而提到百事可乐，人们想到的是蓝色，它是最冷的色彩。百事公司的蓝色是永恒的象征，纯净的蓝色表现出一种文静、理智、安详与洁净。配合年轻偶像明星，呈现出百事公司一种时尚与活力的企业形象。

可口可乐与百事可乐之间的百年竞争，也被人们称之为"红蓝之争"。

那么，什么是企业视觉识别系统？

当色彩、图形、文字等各种符号一直作用于人们的感官时，会引起人们的视线产生移动和变化，形成注目范围内有规律的视觉运动。视觉识别就是凭借色彩、图形、文字等可视符号来构建企业形象的一种方法。

视觉识别系统(Visual Identity System，VIS)，即视觉统一化，被称为"企业的脸"。它是以企业理念为基础，对企业视觉信息的各种形式进行统一，即视觉识别系统是在企业理念的指导下，通过视觉识别符号传达企业经营理念，展示其独特形象的设计系统，是企业内在本质的外在表现。视觉识别虽是非语言的信息传递，有时却比语言的传递手段更迅速、强劲、准确，具有世界通用的特性。它是企业形象策划中最外在、最直接、最具有传播力和感染力的部分。

视觉识别系统分为基本要素和应用要素两部分。基本要素主要包括：企业标志、标准字、标准色和吉祥物等。应用要素系统主要包括：办公事务用品、建筑环境、广告媒体、陈列展示、交通工具、产品包装和员工制服等。

一、视觉识别系统的作用

1. 传达企业统一信息、展现企业个性

现代社会是信息社会，社会公众接受信息的媒介多种多样：从手掌大小的企业名片到公路旁几十米的庞大广告牌，从日常生活的网络、报纸、杂志到水中的灯光、空中的气球等。在信息社会里，企业进行宣传需耗费大量资金，如果传达的信息不统一，不仅会浪费宣传经费，还可能会引起大众的反感，造成无法弥补的损失。企业视觉识别系统将企业的理念、行为等因素进行统一的视觉化处理，使企业所属各个部门将统一的企业形象应用到各个环节上，不仅能使社会公众看到企业外在形象，还能将企业的各种感知整合到社会公

众的整体印象中,既节省企业各自为政的设计制作费用,又避免了企业信息传播纷乱繁杂相互干扰的现象,能有效提高企业向社会传播信息的质量。

企业信息的统一,能更有效地展现企业的个性。在信息膨胀的今天,在众多的不同企业中彰显独特的企业特色,吸引社会公众,视觉形象宣传尤其重要。企业视觉识别系统应用视觉艺术通过创造新颖的视觉标识来吸引社会公众,通过建立统一识别符号给社会公众留下深刻印象,引起社会公众关于企业个性的心理联想。成功的企业视觉识别系统不仅能真实反映企业的特色(与众不同的市场定位,热诚的服务精神,高端的技术力量等形象),且赋予企业视觉上统一的外观,使企业在同行中脱颖而出,打造企业的独有个性。

例如,可口可乐公司用其一贯的罗宾逊手写体和流线型的波浪图案把可口可乐的流行文化传遍了世界的每一个角落,经久不衰,如图3-2所示。

图3-2　可口可乐标志

2. 提高企业竞争能力

在信息社会里,视觉识别系统的统一化,有助于一个企业在社会公众的心中留下较深的印象。由此,通过设计视觉识别系统,有利于让社会公众了解企业并喜欢企业,从而创造独特个性,建立消费者喜爱的企业偏好。

企业通过设计视觉识别系统建立统一化的企业形象,会加深社会公众对企业的感情,为企业产品拓展市场创造条件,树立一个好的企业形象。良好的企业形象能够使消费者对产品产生依赖感,增强消费者对批发商与零售商的信心;良好的企业形象也可以帮助企业寻找更多的合作伙伴,拓展与稳定销售网络,能够在一定程度上凝聚企业的力量,吸引更多的人才加入企业;良好的企业形象还能够增强企业的融资能力与投资实力,并获得公众的持续支持,最终提高企业的竞争力。

例如,联邦快递(FedEx),全球最具规模的快递运输公司,在1971年由美国海军陆战队员Frederick W. Smith在阿肯色州小石城创立。联邦快递创业初期困难重重,曾出现严重亏损。当时美国市场处于主导地位的快递企业是艾米瑞(Emery)空运公司、UPS(联合包裹速递服务)公司及运通公司。20世纪60年代以后,美国经济越来越依赖服务业和高新技术产业,新的产业布局造成了人员和产品的分散,在美国的运输市场上,急需一种能够保证快速、可靠地传送货物的公司出现。联邦快递作为货运行业的一个追赶者,首席CEO弗雷德·史密斯决定,把公司的业务缩减到只提供"隔夜送达"的服务;在美国历史上首创"隔夜快递"这一新兴的服务模式。为提高企业竞争力,公司进行了企业视觉识别系统的设计,当时，美国快递公司大多使用蓝色的视觉系统，联邦快递公司为了与竞争对手相区分，选用最具冲突效果的紫色和橙色作为公司标准色，并把它们组合在一起使用。当一件联邦快递的包裹送达到客户桌子上时，其使用紫、橙色标准色的包裹快件就像在蓝色海洋里出现的一套紫橙色衣服一样，非常抢眼，人们立刻记住了它。联邦快递具有冲击力的视觉系统成功、有效地帮助公司提高了竞争力。今天，联邦快递已成为世界四大快递公司之一，其个性的视觉识别系统一直沿用至今，如图 3-3 所示。

图 3-3　联邦快递的商标、包装及运输工具

3．提升企业的文明程度和管理水平

在现代社会里，一个企业具有统一的装修风格、建筑风格、员工服装等形象，会给社会公众留下比较正规的感觉。一方面企业员工制服和标识的统一，会增强不同类型员工的归属感，起到一种无形的约束和鞭策，具有示范作用；另一方面视觉识别系统的开发，会给企业营造出一种朝气蓬勃、奋发向上的氛围，使员工能感受到现代企业的文明风貌，受到一种无声的教育，提升员工的文明行为，起到熏陶作用。如图 3-4 所示，是联邦快递公司的员工服装，它使用了公司的标准色——紫色，联邦快递公司富有激情的员工被形象地称为"紫血"，象征着这些员工是公司活力的源泉。

另外，随着企业的发展壮大，厂区扩建，通过开发视觉识别系统，企业采用统一的标志和建筑风格，会使办公、生产区域和厂区环境更为整齐划一，改变杂乱无章的现状，既可以为现场的定置化管理提供可能性，又可以提升企业的形象品位，促进企业管理水平的提升。如图 3-5 所示，是联邦快递公司统一的办公、生产区域和厂区环境。

图 3-4　联邦快递员工服装

图 3-5　联邦快递统一的办公、生产区域和厂区环境

二、视觉识别系统设计原则

1. 体现企业理念

企业理念识别系统(MIS)是 CIS 的基础，是企业的"心"，是企业形象策划的原动力，

项目三 企业视觉系统设计

视觉识别系统作为企业形象的静态识别符号、视觉载体,首先要体现企业理念的全部内涵,最直接、最有效地传达企业理念是企业视觉识别系统设计的核心原则。视觉识别系统通过简单、意义明确的统一标准的视觉符号,将企业的经营理念、经营内容等要素传递给社会公众,成为社会公众识别和认同企业的图案和文字,如果脱离企业理念,视觉识别系统只是一些没有生命力的符号而已。

例如,苹果电脑公司创立于 1976 年,核心业务是电子科技产品。公司的视觉识别系统虽几经变化,但都较好地体现了公司的理念。

苹果公司的第一个标识非常复杂,它是牛顿坐在苹果树下读书的一个图案,上下有飘带缠绕,写着 Apple Computer Co.字样,外框上引用了英国诗人威廉·兹华斯的短诗,"牛顿,一个永远孤独地航行在陌生思想海洋中的灵魂"。创始人乔布斯认为第一个标志过于复杂,影响了产品销售,又重新请人创作第二个标志——一个环绕彩虹的苹果图,如图 3-6 所示。苹果在希腊神话中,是智慧的象征,当初亚当和夏娃就是吃了苹果才变得有思想,后引申为科技的未知领域。其鲜艳的颜色,给人以活力和朝气。为什么苹果被咬了一口?在英语中,"咬"(bite)与计算机的基本运算单位字节(Byte)同音,被咬掉的一口,既可以防止"苹果"看起来像一个西红柿,又表明苹果公司勇于向科学进军、探索未知领域的理想。

1998 年,苹果又更换了标志,将原有的彩色苹果换成了一个半透明的、泛着金属光泽的银灰色标志。新标志显得更为立体、时尚和 cool,更符合苹果旗下的两个具有重要影响力的产品(iTunes 和 iPod),更符合年青一代消费者的审美和创新感觉。苹果公司的企业标志几经变化,但万变不离其宗,都充分体现了苹果公司的企业理念,如图 3-6 所示。

图 3-6 苹果公司的三个标志

时代在发展,企业视觉识别系统也会不断优化和改进,这需要企业持之以恒、循序渐进地借鉴和吸收优秀企业文化,不断强化新的精神内涵,在不断完善自我的过程中实现企业形象的改观,同时赋予企业形象新的文化内涵,实现两者新的和谐统一。不论在哪个行业领域,有影响力的企业形象,其内在的企业理念与外在的视觉表现总是互为映衬、相得益彰的。

2. 横向上差异性

每个企业都是独特的，与其他企业相区别，具有差异性是企业视觉识别系统设计的第二原则。在今天经济全球化、科技高速发展的时代，同行企业之间生产的产品或提供的服务的差异性越来越小，企业同质化的倾向越来越明显，视觉识别系统作为塑造企业形象的外在手段，只有充分贯彻差异性原则才能最大限度地突出企业与众不同的形象。不同企业的企业视觉识别系统差异性越大，特点越鲜明，社会公众对这个企业的识别性就越好。

例如，2009年2月卡夫食品公司公布企业新标志如图3-7所示，但新标志与Yoplait公司的标志具有相似性，缺乏个性。Yoplait公司的标志如图3-8所示。

图3-7 2009年2月卡夫食品公司的标志

图3-8 Yoplait标志

2013年7月1日，卡夫食品公司在中国再次进行公司名称变更，更名为亿滋中国(MondelzChina)。更名后，公司业务及品牌组合将维持不变。新公司的中文名"亿滋"既代表了公司旗下的美味产品，又表达了公司为消费者带来"亿万好滋味"的愿景。公司新标志具有较好的差异性，如图3-9所示。

图3-9 亿滋中国新标志

企业的视觉识别系统只有具有差异化，才容易被区分，才更容易被社会公众把它从繁杂的背景信息中识别出来，形成鲜明的企业个性形象。

3. 纵向上一致性

企业视觉识别系统的差异化倾向于企业间的横向比较，一致性原则要求企业在视觉识别系统开发实施过程中纵向上进行一致性设计。

一方面，一致性原则指依据企业形象的规范性和系统性要求，企业视觉识别系统是以围绕建立企业统一形象、强化识别效果为目标，因此应将视觉系统的基础要素按统一标准应用，以规范的传播模式进行内、外宣传和展示，保证企业形象塑造的一致性和连贯性。

例如，可口可乐公司的基础要素(标志、标准字和标准色)较好地应用到企业的方方面面，从产品包装到海报，从自动售卖机到交通运输工具等，统一的图案、文字和颜色出现在不同国家的社会公众面前,即使是不认识字的人也能一眼认出可口可乐,成功地塑造了可口可乐统一的企业形象,如图 3-10 所示。

图 3-10　可口可乐的商品包装、海报,自动售卖机和交通运输工具

另一方面,一致性原则指企业自我评价与社会公众认知要相吻合,应具有一致性。这种一致性使企业的经营诉求更容易得到消费者的认同,进而提升企业的影响力。

总之,企业视觉识别系统的一致性原则可以使企业形象以简洁、统一、准确、规范的方式展示于无限的市场空间,在广泛而反复地运用中,强化企业鲜明的特点,给社会公众留下稳定、规范的印象并产生足够的影响力,从而达到塑造企业良好、独特形象的目的。

三、企业的商标与品牌战略模式

1. 商标

商标是企业为使自己的商品(或服务)与他人相区别而使用的一种具有显著特征的标志,这种标志通常用文字、图形或文字和图形组合构成。企业在政府有关主管部门注册登记商标以后,就享有使用商标的专用权,商标受到法律保护,其他任何企业都不得仿效使用。因此,商标实质上是一种法律名词,是指已获得专用权并受法律保护的一个品牌或一个品牌的一部分。商标的起源可追溯至古代,当时工匠将其签字或"标记"印制在其艺术品或实用产品上,这些标记演变成为今天的商标注册和保护制度。

1) 商标的主要特征

(1) 显著性。商标是为区别与他人商品或服务的标志,具有显著的区别功能,从而便于消费者识别。

(2) 独占性。注册商标所有人对其商标具有专用权，受到法律的保护，未经商标权所有人的许可，任何人不得擅自使用与该注册商标相同或相类似的商标，否则，即构成侵犯注册商标权所有人的商标专用权，将承担相应的法律责任。

(3) 价值性。商标代表着商标持有人生产或经营的质量信誉、企业信誉和形象，商标持有人通过商标的创意、设计、申请注册、广告宣传及使用，使商标具有了价值，也增加了商品的附加值。商标可以有偿转让，经商标所有权人同意，许可他人使用。商标的价值可以通过评估确定。

(4) 竞争性。商标是商品信息的载体，是参与市场竞争的工具。生产经营者的竞争就是商品(或服务)质量与信誉的竞争，其表现形式就是商标知名度的竞争，商标知名度越高，其商品或服务的竞争力就越强。

2) 商标的注册

随着商标的使用范围越来越广，仿制、假冒活动日渐猖獗。1870 年美国制定了第一部联邦注册商标法。到 1890 年，大多数当时工业发达的国家都有了商标法，因此，品牌名称、标签、设计都成了受法律保护的资产。在我国，商标注册是商标得到法律保护的前提，是确定商标专用权的法律依据。商标注册，是指商标使用人将其使用的商标依照法律规定的条件和程序，向国家商标主管机关(国家工商总局商标局)提出注册申请，经国家商标主管机关依法审查，准予注册登记的法律事实。商标使用人一旦获准商标注册，就标志着它获得了该商标的专用权，并受到法律的保护。如图 3-11 所示是中国工商行政管理总局商标局网页。

图 3-11　中国工商行政管理总局商标局网页

【知识拓展 3-1】

®与 TM 的区别

2010 年 12 月 20 日，伊利集团发布了全新的品牌标志，如图 3-12 所示。新旧两个标志最大的区别在于商标的含义不同。

图 3-12　伊利的旧与新品牌标识

伊利集团的旧标用"®"(或注)，是"注册商标"的标记，意思是该商标已在国家商标局进行注册申请并已经商标局审查通过，成为注册商标。圆圈里的 R 是英文 register 注册的开头字母。

新标用的"TM"，在中国，有特殊含义。TM 标志不对商标起到保护作用，它与 R 不同，TM 表示的是该商标已经向国家商标局提出申请，并且国家商标局下发了《受理通知书》，进入了异议期。TM 是英文 trademark 的缩写，既可以防止其他企业提出重复申请，也表示现有商标持有人有优先使用权，即在商标申请期间(未获准注册之前)，应标记为"TM"。

3) 商标抢注

商标权利具有地域性，是指一个国家或地区依照其本国的商标法或本地区的商标条约所授予的商标权，仅在该国或该地区有效，对他国或该地区以外的国家没有约束力。最近几年，随着中国在世界影响的日益扩大，中国企业的商标在国外多次遭到恶意抢注。六必居、冠生园、桂发祥十八街、郫县豆瓣等一批国内老字号品牌在加拿大被代理商抢注；同仁堂、女儿红、杜康和狗不理在日本被抢注；阿诗玛在菲律宾被抢注；竹叶青在韩国被抢注；凤凰在印尼被抢注；青岛啤酒在美国被抢注等。图 3-13 所示是对商标抢注这一现象的讽刺。

图 3-13　商标抢注漫画

案例3-1：王致和商标抢注事件

2006年7月，王致和公司去德国注册其商标，却意外被告知，这个商标和标识已经被一家名为欧凯的公司于2005年11月申请注册，并在2006年3月24日起开始公示。王致和腐乳、调味品、销售服务三类商标均被欧凯公司抢注。这是王致和商标第一次在国外被抢注，欧凯公司是由德籍华人开办的百货公司，主要经营来自中国的食品，它曾是王致和产品在德国的销售商。在与对方协商未果后，王致和集团在德国提起诉讼，追讨其商标权。2007年1月，德国慕尼黑地方法院正式受理了王致和商标抢注案，8月8日正式开庭审理。11月，慕尼黑地方法院一审认定欧凯公司在明知的情况下，恶意抢注王致和商标，已经构成了侵权和不正当竞争。欧凯不服，并上诉至慕尼黑高等法院。2008年4月23日，德国慕尼黑高等法院作出终审判决：裁决"王致和"商标侵权案中方胜诉，要求德国欧凯公司停止使用"王致和"商标。终审判决使王致和商标回归王致和集团，王致和集团胜诉。王致和商标如图3-14所示。

图3-14　王致和商标

针对中国企业商标在国外被抢注的现象，许多中国企业知识产权保护意识淡薄，很少到海外去为自己维权，对打官司更是望而却步；有些企业经济状况并不理想，难以承受海外维权的高额成本；也有些企业维权意识不强，或者担心维权难以成功。

联合国世界知识产权组织的商标国际注册马德里体系，是企业进行商标国际注册的重要途径。企业通过这一体系可获得所有成员国的商标保护，而不必在不同国家分别进行商标注册。中国已于1989年正式加入《商标国际注册马德里协定》。中国企业可通过《马德里协定》来避免自己商标被海外恶意抢注的事情发生。

2．品牌战略模式

品牌战略就是企业将品牌作为核心竞争力，以获取差别利润与价值的经营战略。成功的品牌战略可以使企业取得竞争优势并逐渐发展壮大。品牌战略最重要的是品牌模式的选择，不同的品牌模式具有不同的优势与劣势。品牌战略模式有多种形式，其中最主要的有两种。

1）一元化品牌战略模式

一元化品牌战略模式是指企业的企业名称及其所生产的所有产品、服务标志都同时采取一个品牌的战略，如图3-15所示。

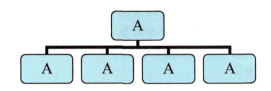

图 3-15　一元化品牌战略模式图

(1) 企业采用一元化品牌战略模式可以集中力量塑造一个品牌形象，让一个成功的品牌附带若干种产品，使每一个产品都能够共享品牌的优势。比如，大家熟知的海尔集团早期就采用一元化品牌战略模式。海尔品牌 2005 年以 702 亿元的品牌价值连续四年蝉联榜首，比第二名高出 222 亿。在 2005 年世界品牌 500 强中，海尔荣登第 89 位。海尔集团从 1984 年起开始推进自己的品牌战略，从产品名牌到企业名牌，发展到世界名牌，现在已经成功地树立了"海尔"的知名形象。海尔产品从 1984 年的单一产品冰箱发展到拥有白色家电、黑色家电、米色家电在内的 96 大门类 15 100 多个规格的产品群，并出口到世界 100 多个国家和地区，使用的全部是一元化品牌模式的"海尔"品牌。不仅如此，海尔也将其作为企业名称和域名来使用，做到了"三位一体"。而作为消费者，社会公众可将海尔的"真诚到永远"的理念拓展到它名下的任何商品。

(2) 一元化品牌战略模式的品牌宣传成本低，不仅节省市场宣传、广告费用的成本，还包括品牌管理的成本。一元化品牌战略模式更能集中体现企业的意志，容易形成市场竞争的核心要素，避免消费者在认识上发生混淆。

中国企业如联想、海信、美的等众多知名企业都采用一元化品牌战略模式。

一元化品牌战略模式的优点是企业形象识别性强，形象传播经济，可充分利用品牌形象不断积累的好处，在同一品牌下不断推出新产品，节约新产品的促销费用。

一元化品牌战略模式的缺点是企业形象风险高，"一损俱损，一荣俱荣"。如果某一品牌名下的某种商品出现了问题，那么在该品牌下附带的其他商品也难免会受到株连，至此整个产品体系可能面临着重大的灾难。例如，中国奶制品行业的著名品牌三鹿，2008 年因奶粉中被发现化工原料三聚氰胺，引发中国奶制品行业的奶制品污染事件，最后导致三鹿集团破产，所有旗下产品都受到株连，但因其当时酸奶饮料启用君乐宝品牌，而幸免于难，如图 3-16 所示。

图 3-16　三鹿品牌与君乐宝品牌

企业一般在成长初期，实力比较弱的时候选择一元化品牌战略模式，便于集中人力、财力和物力打造一个良好的企业品牌和企业形象。例如上文提到的海尔早期采用此战略，到后来发展壮大后，可采用多元化品牌战略模式。

2) 多元化品牌战略模式

多元化品牌战略模式是指企业以一个核心机构或拳头产品的品牌作为整个企业的名称，以此为基础发展其他相对独立的品牌作为企业的其他产品的品牌，即一个企业同时经营两个以上相互独立、彼此没有联系的品牌的情形，其结构模式如图 3-17 所示。

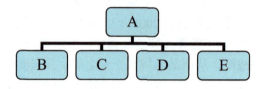

图 3-17　多元化品牌战略模式图

宝洁公司是典型的采用多元化品牌战略模式的企业。宝洁的原则是：如果某一个种类的市场还有空间，最好那些"其他品牌"也是宝洁公司的产品。因此宝洁的多品牌策略让它在各产业中拥有极高的市场占有率。例如，在中国，宝洁有 5 种洗发水品牌，2 种洗衣粉品牌和 2 种护肤品牌，每种品牌的特征描述都不一样。以洗发水为例，我们所熟悉的有"飘柔"，以柔顺为特长；"潘婷"，以全面营养吸引公众；"海飞丝"，则具有良好的去屑功效；"沙宣"，强调的是亮泽。不同的消费者在洗发水的货架上可以自由选择，然而都没有脱离宝洁公司的产品。

宝洁是成功的，近 170 年的辉煌历史，旗下约 300 个品牌，它在品牌战略中创造了一个奇迹。在多品牌战略中，也有些企业使用的并非功能划分，而是等级划分，也就是说，不同的品牌用于相同的商品，但是品质、级别不尽相同。

多元化品牌战略模式的优点是企业经营有很大的灵活性和可塑性。虽然新产品的推出费用高，风险大，但如新产品在市场上销路不畅，不影响原产品的品牌声誉。采用此品牌战略的企业可以根据功能或者价格的差异进行产品划分，彼此之间的看似竞争的多品牌关系，实际上很有可能壮大了整体的竞争实力，有利于企业占领更多的市场份额，增加市场的总体占有率。多元化品牌战略可以分散企业经营风险，某种商品品牌出现问题了，可以避免殃及其他的商品。

多元化品牌战略模式的缺点是企业分散了精力和投资，整体企业形象传播不经济，整体企业形象识别性差，内部凝聚力较弱。①整体企业形象传播不经济是指宣传费用的高昂，企业打造一个知名的品牌需要财力、人力等多方面的配合，如果想成功打造多个品牌自然要有高昂的投入作为代价，品牌管理成本过高；多个品牌之间的自我竞争，也容易在消费者中产生混淆。宝洁公司的策略是不仅仅在不同种的商品上使用不同的商标，即使是在相同的商品上，由于功能的不同也使用不同的商标。当然它为此也付出了高昂的市场成本和管理成本。②整体企业形象识别性差是指会出现社会公众只识得子品牌,而不识子品牌的所属公司。例如,欧莱雅公司也采用多元化品牌战略模式,它以档次为标准进行品牌的区分。兰蔻、碧欧泉是它的高端产品,而羽西、美宝莲则是它相对低端的产品。不同的品牌都各自占领着自己的市场份额,拥有不同层次的消费人群。但对于很多消费者来说,很少有人能把这四个品牌与欧莱雅公司直接联系到一起,企业的整体形象识别性差。

世界上实力雄厚的企业联合利华、雀巢等公司大多采用多元化品牌战略模式,如图 3-18、图 3-19 所示。

图 3-18 联合利华的旗下品牌

图 3-19 雀巢中国的旗下品牌

不同企业可根据行业特点、实力规模来确定使用不同的品牌战略模式。

任务二 确定企业视觉系统的基础要素

任务导入

宝洁,世界上最大的日用消费品公司之一,1837年创建,所经营的300多个品牌的产品畅销160多个国家和地区,其中包括美容美发、居家护理、家庭健康用品等。1988年,宝洁公司在广州成立了在中国的第一家合资企业——广州宝洁有限公司,从此开始中国业务发展的历程。2013年是宝洁在中国的25周年,图3-20所示是宝洁公司在中国的25个品牌。宝洁公司是典型的多元化品牌战略公司,其不同的品牌设计有不同的视觉识别系统,成就了一道绚丽多姿的宝洁企业形象。

图3-20 宝洁公司的众多品牌

要想如宝洁一样成功塑其企业形象,在视觉识别方面就要充分了解相关的基本要素。那么,企业视觉识别系统的基本要素包括哪些内容呢?

企业视觉识别系统的基本要素主要包括:企业标志、标准字、标准色和吉祥物等。

一、标志

标志(logo),是表明事物特征的记号,在企业形象策划中它是用来表明企业特征的记号。它以单纯、显著、易识别的物象、图形或文字符号为直观语言,来表达企业的精神理念。标志是视觉识别系统的核心,是塑造企业形象最重要的手段。在现代社会里,标志具有良好的促销力,能够将企业形象在恰当的场所、恰当的时间迅速传达给相应的社会公众,被企业界认为是一种最经济、最直接和最有效的促销手段。

标志的来历，可以追溯到上古时代的"图腾"，当时每个氏族和部落都选用一种认为与自己有特别神秘关系的动物或自然物象作为本氏族或部落的特殊标记(即称之为图腾)。例如，女娲氏族以蛇为图腾，夏禹的祖先以黄熊为图腾，有的还以太阳、月亮、乌鸦为图腾。在中国古代漆器、瓷器上也常见有印记。在枝江姚家港出土的西汉早期的漆器底部，有的烙有"成市草"、"市府造"等文字，说明其来自当时著名的漆器产地成都；有的是用针刻"田"、"黄"字样，"田"、"黄"则是漆工的姓氏。

在古希腊，标志已广泛使用。在罗马和庞贝以及巴勒斯坦的古代建筑物上都曾发现刻有石匠专用的标志，如新月车轮、葡萄叶以及类似的简单图案。中国自有作坊店铺，就伴有招牌、幌子等标志。在唐代制造的纸张内已有暗纹标志。到宋代，标志的使用已相当普遍。图 3-21 所示是至今中国保存完好的宋代标志。

图 3-21　济南刘家功夫针铺印刷铜版及铜版文字内容

标志是一个企业的象征和识别符号，用来表达企业一定的含义，传递企业明确的信息。与语言相比，标志令社会公众一目了然，能克服不同民族、国家语言的障碍及表述的困难，有利于传播和记忆，更能适应现代生活节奏不断加快的需要，具有很好的跨越不同文化障碍性的优势。随着国际交往的日益频繁，标志的直观、形象、不受语言文字影响等特性更有利于国际的交流与应用，因此国际化标志得以迅速推广和发展，成为视觉传送最有效的手段之一。

标志不仅对企业形象非常重要，对发展经济、创造经济效益、维护企业和消费者权益等方面也具有重大实用价值和法律保障作用。各种国内外重大活动、会议、运动会以及邮政运输、金融财贸、机关、团体及至个人(图章、签名)等也几乎都有表达自己特征的标志，这些标志从各种角度发挥着沟通、交流宣传作用，推动社会经济、政治、科技、文化的进步，保障各自的权益。

1. 标志与商标的关系

根据商标法的规定，以下标志可申请成为商标：能够将自己的商品(含服务)与他人的商品区别开的可视性标志(包括：文字、图形、字母、数字、三维标志和颜色组合，这些要素的组合)均可以作为商标申请注册。申请注册商标的标志，应当有显著特征，便于识别，并不得与他人先取得的合法权利相冲突。但是，下列标志不得作为商标使用。

(1) 同中华人民共和国的国家名称、国旗、国徽、军旗、勋章相同或者近似的，以及同中央国家机关所在地特定地点的名称或者标志性建筑物的名称、图形相同的。

(2) 同外国的国家名称、国旗、国徽、军旗相同或者近似的，但该国政府同意的除外。

(3) 同政府间国际组织的名称、旗帜、徽记相同或者近似的，但经该组织同意或者不易误导公众的除外。

(4) 与表明实施控制、予以保证的官方标志、检验印记相同或者近似的，但经授权的除外。

(5) 同"红十字"、"红新月"的名称、标志相同或者近似的。

(6) 带有民族歧视性的。

(7) 夸大宣传并带有欺骗性的。

(8) 有害于社会主义道德风尚或者有其他不良影响的。

县级以上行政区划的地名或者公众知晓的外国地名，不得作为商标。但是，地名具有其他含义或者作为集体商标、证明商标组成部分的除外；已经注册的使用地名的商标继续有效。

2. 标志的设计原则

1) 与企业理念相符合

一个优秀的企业标志不仅是一个好的创意，还要符合该企业的经营理念。一个企业标志的设计要在表达企业理念的基础上，兼具美好的视觉形象才会具有长久的生命力。企业标志应以形达态，传达企业的理念、企业精神，将企业独特的经营理念和企业精神、企业文化，采用抽象化的图形或符号具体地表达出来。例如，世界最大的日化企业之一的联合利华的标志，该标志是由 25 个独特含义的小图案拼成的"U"字。每个图案又有自己独特的含义，分别代表一种活力和产品品牌，如图 3-22、图 3-23 所示。

图 3-22 联合利华标志

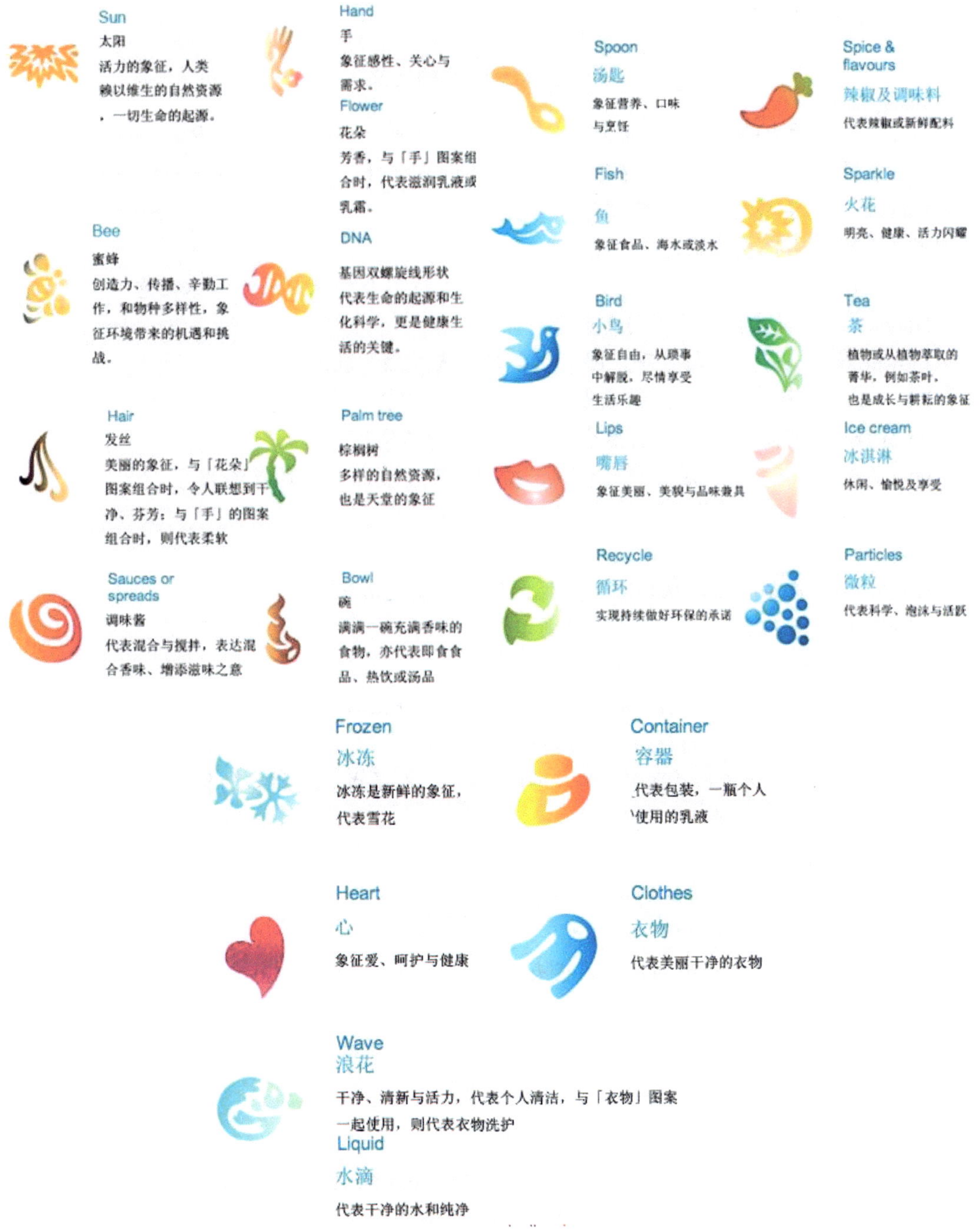

项目三 企业视觉系统设计

Sun
太阳
活力的象征，人类赖以维生的自然资源，一切生命的起源。

Hand
手
象征感性、关心与需求。

Flower
花朵
芳香，与「手」图案组合时，代表滋润乳液或乳霜。

Spoon
汤匙
象征营养、口味与烹饪

Spice & flavours
辣椒及调味料
代表辣椒或新鲜配料

Bee
蜜蜂
创造力、传播、辛勤工作，和物种多样性，象征环境带来的机遇和挑战。

DNA
基因双螺旋线形状代表生命的起源和生化科学，更是健康生活的关键。

Fish
鱼
象征食品、海水或淡水

Sparkle
火花
明亮、健康、活力闪耀

Hair
发丝
美丽的象征，与「花朵」图案组合时，令人联想到干净、芬芳；与「手」的图案组合时，则代表柔软

Palm tree
棕榈树
多样的自然资源，也是天堂的象征

Bird
小鸟
象征自由，从琐事中解脱，尽情享受生活乐趣

Tea
茶
植物或从植物萃取的菁华，例如茶叶。也是成长与耕耘的象征

Sauces or spreads
调味酱
代表混合与搅拌，表达混合香味、增添滋味之意

Bowl
碗
满满一碗充满香味的食物，亦代表即食食品、热饮或汤品

Lips
嘴唇
象征美丽、美貌与品味兼具

Ice cream
冰淇淋
休闲、愉悦及享受

Recycle
循环
实现持续做好环保的承诺

Particles
微粒
代表科学、泡沫与活跃

Frozen
冰冻
冰冻是新鲜的象征，代表雪花

Container
容器
代表包装，一瓶个人使用的乳液

Heart
心
象征爱、呵护与健康

Clothes
衣物
代表美丽干净的衣物

Wave
浪花
干净、清新与活力，代表个人清洁，与「衣物」图案一起使用，则代表衣物洗护

Liquid
水滴
代表干净的水和纯净

图 3-23 联合利华标志部分小图案组合

【知识拓展 3-2】

联合利华小图案的含义

Sun/太阳：活力的象征，人类赖以维生的自然资源，一切生命的起源。

Bee/蜜蜂：创造力、传播、辛勤工作，和物种多样性，象征环境带来的机遇和挑战。

Hair/发丝：美丽的象征，与"花朵"图案组合时，令人联想到干净、芬芳；与"手"的图案组合时，则代表柔软。

Sauces or speads/调味酱：代表混合与搅拌，表达混合香味、增添滋味之意。

Hand/手：象征感性、关心与需求。

Flower/花朵：芳香，与"手"图案组合时，代表滋润乳液或乳霜。

DNA/基因双螺旋线形状：代表生命的起源和生化科学，更是健康生活的关键。

Palm Tree/棕榈树：多样的自然资源，也是天堂的象征。

Bowl/碗：满满一碗充满香味的食物，亦代表即食食品、热饮或汤品。

Spoon/汤匙：象征营养、口味与烹饪。

Fish/鱼：象征食品、海水或淡水。

Bird/小鸟：象征自由，从琐事中解脱，尽情享受生活乐趣。

Lips/嘴唇：象征美丽、美貌与品味兼具。

Recycle/循环：实现持续做好环保的承诺。

Spice and flavours/辣椒及调味料：代表辣椒或新鲜配料。

Sparkle/火花：明亮、健康、活力闪耀。

Tea/茶：植物或从植物萃取的菁华，例如茶叶，也是成长与耕耘的象征。

Ice cream/冰淇淋：休闲、愉悦及享受。

Particles/微粒：代表科学、泡沫与活跃。

Frozen/冰冻：冰冻是新鲜的象征，代表雪花。

Heart/心：象征爱、呵护与健康。

Wave/浪花：干净、清新与活力，代表个人清洁，与"衣物"图案一起使用，则代表衣物洗护。

Liquid/水滴：代表干净的水和纯净。

Container/容器：代表包装，一瓶个人使用的乳液。

Clothes/衣物：代表美丽干净的衣物。

这些小图案又可以自由地拆分运用在各种新产品媒介上。比如，图案中的一朵花代表芳香，当它和一只手的图案结合时，可以被用来代表生产滋润乳霜的部门；再如一片浪花，既可以表示清新与活力，也可以代表个人清洁用品，当和衣物图案结合时还可表示洗衣粉生产部门。联合利华的企业标志有效地传达了企业的理念与经营产品的特性，与其他企业的标志有明显的区别，较好地代表了企业的经营特性。

2) 简洁性

标志会应用到小至名片，大至楼房等各类媒介上，因此标志的设计不宜过于细腻、复杂。标志设计不是设计师的随意作品，它是有经济目的和功能的。如果说油画的艺术语言是色彩，中国画的艺术语言是笔墨，那么标志的最大审美特性就是简洁。标志在造型上应是经过高度概括提炼的，切忌繁琐、堆砌，丧失了易看易记的功能。大多数成功的标志都是高度单纯化的产物，能将审美与实用融为一体。人对形象的认识能力受到时间和速度的限制，只有简练清晰的视觉效果才能在短时间内散发出强烈的感染力，容易使人过目不忘，在社会公众的记忆中留下印象。

例如，大众汽车公司创立于1937年，是德国最大的汽车生产集团，汽车产量居世界第五位，其标志如图3-24所示。大众汽车的德文是VolksWagenwerk，意为大众使用的汽车。标志中的VW由公司全称中第一个首字母组成，像由三个用中指和食指做出的"V"组成，表示大众公司及其产品必胜—必胜—必胜。全世界的社会公众只要看到这个标志，就会想到大众汽车，大众汽车的标志即与企业名称相结合，又符合简洁性的特点，起到了很好的宣传企业形象的作用。

3) 识别性

标志是以生动的造型图案构成的视觉语言，企业标志应能使社会公众一眼认出来，并与之相关联的企业联系起来。识别性要求标志必须能较好地表现企业的个性，让消费者记住企业的独特品质、风格和经营理念，在设计上必须与众不同，别出心裁，展示出企业独特的个性，不能出现雷同现象。企业标志要既能体现企业的理念、经营性质，还要具有鲜明的企业个性，让社会公众在短时间内就产生深刻的印象。所以标志必须具有可视性与可读性，具有强烈的识别性。

例如，图3-25所示的中国银行的标志。中国银行的标志1986年正式使用，由香港著名设计师靳埭强设计。它充分结合了银行的企业特性，古钱币形状代表银行、"中"字代表中国、外圆表明中国银行是面向全球的国际性大银行。今天，世界各地的人们只要看到这个标志，就知道是中国银行，具有很好的识别性。

图3-24　大众汽车标志

图3-25　中国银行标志

4) 时代性

企业的标志作为企业的无形资产，是社会公众识别和购买商品的依据，不能轻易地发生改变，应保持一定时期内的稳定性。但企业面对社会的发展，时代的进步，人们的生活方式和审美观念的变化,企业可以对标志进行修改以使其更好地适应时代的发展。

为了使企业标志具有时代性,企业经常采取两种方式。

一种方式是抛弃旧标志,对陈旧过时、日益僵化的视觉符号进行重新设计。例如,苹果公司的标志,第二代标志就对第一代标志进行了重大变革。

另一种方式是对原来享有盛誉的标志,在已有的基础上通过渐变的手法,重新检验,作出改进。随着时间的推移,逐步改造的标志,既保留了原有标志的题材和精神特质,又兼顾社会公众对企业品牌的认同感和信赖感,同时跟上时代步伐,使标志更完美、更易于识别。这一种方式的标志演变具有连续性,具有由具象到抽象、由复杂到简洁的趋势。

微软公司的标志一直中规中矩,近几年进行跟随时代的变革,首先是精简,然后是图形化,如图 3-26 所示。

图 3-26　微软公司标志的变化

Google 的 logo 变化似乎很简单,从首字母"G"变体成放大镜,或者干脆直接变成放大镜——搜索本来就是 Google 立足的基础,如图 3-27 所示。

图 3-27　谷歌公司标志的变化

星巴克的 logo 一直用希腊神话中的"赛壬"(在大海的迷雾中用歌声把船只引入歧途的美人鱼)来做文章,而且从 1987 年至今的 logo 的发展变化,可以看到那张美人鱼的脸是越来越近,如图 3-28 所示。

施乐公司的标志 "xerox" 英文是"影印"的意思,施乐也正是影印设备领域的旗帜。施乐名字当中的字母"X"贯穿了每一任的标志,如图 3-29 所示。

图 3-28　星巴克公司标志的变化

图 3-29　施乐公司标志的变化

3．标志的类型

标志的设计类型方法有很多种，常见的方法有文字类、图形类和综合类三种。

1）　文字类标志

文字类标志一般是对企业名称直接进行造型化处理，使其成为具有图形化的标志类型，可使用包括中文(中文字或汉语拼音)、英文及其他可表现的世界各国的文字，但常见的表现手法是英文、中文或二者相结合使用。

世界最大的饮料企业可口可乐公司是典型的文字类标志。可口可乐公司的标志是由波兰•罗宾逊手写的，该标志从 1886 年至今仍然在使用，如图 3-30 所示。

联邦快递是一家国际性速递集团。其文字标志 FedEx 是由公司原来的英文名称(Federal Express)合并而成的。其标志还有一个隐含的含义：字母 E 和 x 中间夹着的空白部分是个箭头，象征着联邦快递的精准与快速。标志设计非常精准、巧妙，如图 3-31 所示。

图 3-30　可口可乐公司标志　　　　　　　　图 3-31　联邦快递标志

因为英文的全球识别性最强，世界上跨国的知名企业大多采用英文标志。例如，中国的联想、中国海尔集团、日本松下公司和韩国三星集团都使用英文作为公司标志，如图3-32所示。

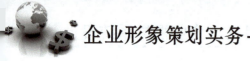

图3-32　中国联想、中国海尔、日本松下、韩国三星公司标志

汉字的标志设计多发挥汉字书法带给人的结构美和意象美，采用隶书、楷书、篆书及美术字等字体，根据字面结构进行加工变形作艺术处理，以达到奇特的效果，如图3-33所示。

图3-33　娃哈哈集团、承德露露、天津狗不理集团的标志

随着中国国力的增强，越来越多的中国企业走向世界，因此大多数知名企业的标志都采用中英文双语进行表达，如图3-34所示。

图3-34　森马、真维斯、以纯公司的标志

2) 图形类标志

图形类标志比文字类标志更具有优势，图形类标志形象、生动，便于向不同的社会公众传达含义，易于识别记忆，更容易被不同年龄、不同国家、不同文化背景的社会公众所接受与认同，可以跨越不同文化、不同地域的文字识别障碍。图形类标志常采用象形类、抽象类和图画类三种方式。

(1) 象形类标志，是实物的图案化，将客观实物进行修饰、简化、概括或夸张，以其特征形象来表达标志的含义。这类标志形象生动活泼、含义清晰、歧义较少。设计时应抓住人们熟悉的象形对象，用其形态特征来进行图案化处理。图 3-35 所示为象形类标志。

纯羊毛标志

德州扒鸡标志

七匹狼公司标志

长城公司标志

图 3-35　象形类标志

(2) 抽象类标志，是以抽象的图形符号来表达标志的含义，来源于象形图案的抽象引申，如用十字来表示医疗。这种标志运用点、线、面等几何形状，含蓄地、理性地表达企业理念，由于表现不具体，较难为人们所理解，而一旦被理解，则颇有回味。

例如，360 公司安全卫士的标志，以其主要产品 360 安全卫士为设计源泉。因 360 安全卫士是中国最受欢迎的杀木马、防盗号安全软件，所以 360 公司标志以圆为核心元素，通过饱满立体的造型传达 360 全面、周到、圆满的品牌诉求。标志上下两部分的弧形，分别代表企业和用户，体现了 360 与用户之间相互沟通、相生相融的紧密关系；"+" 直指 360 互联网安全专家的身份，表现了 360 对为用户构筑安全、可靠的虚拟网络生活环境的决心，如图 3-36 所示。

其他典型的抽象类标志如图 3-37 所示。又如，湖南卫视因其标志的设计像芒果，所以被人们亲切地称为芒果台，如图 3-37 所示。

图 3-36　360 公司标志

图 3-37　湖南卫视标志

(3) 图画类标志，是实物的图案化，有时直接用完整的美术作品作标志。这类标志形象生动，较少歧义。图 3-38 所示为图画类标志。

北京贵宾楼饭店标志

肯德基标志

法拉利标志

雀巢公司标志

图 3-38　图画类标志

3) 综合类标志

综合类标志使用的较多，即图形与文字结合应用，由此构成一个浑然一体的完整图形。这类标志表现力较强，印象和识别性较强，但设计难度较大。例如，李宁公司的新旧标志就属于综合类标志，如图 3-39 所示。

图 3-39　李宁公司的新旧标志

【知识拓展 3-3】

各知名公司的综合类标志

1. 李宁公司的标志

李宁公司的旧标志是松鼠式的 L 形加上企业形象理念口号，2010 年，李宁公司对标志进行了变革。李宁新标志的整体设计由汉语拼音 LINING 与 "LI" 和 "NING" 的第一个大写字母 "L" 和 "N" 的变形构成，主色调为红色，象征着意义飞扬的红旗、青春燃烧的火炬、热情律动的旋律和活力。新标志造型生动、细腻、美观，富于动感和现代意味，充分体现了体育品牌所蕴含的活力和进取精神。新标志汉语拼音 "LI" 和 "NING" 与英文发音一致，从这个角度来看这一改动更符合其国际化公司的形象。

2. 百度公司的标志

百度公司的标志是只 "熊掌"，而不是狗爪，如图 3-40 所示。"熊掌" 标志的灵感来源于 "猎人追寻熊爪印迹" 的刺激，与百度的主营业务 "分析搜索技术" 非常相似，从而构成了百度的搜索概念的独特标志。

图 3-40　百度公司标志

3. 其他知名企业的标志

图 3-41 所示为其他中国知名公司的综合类标志。

　　　伊利集团标志　　　　　　　　蒙牛集团标志

　　阿里巴巴集团标志　　　　　　　英利集团标志

　　老驴头餐饮标志　　　　　　　三元公司标志

图 3-41　综合类标志

4. 标志的未来发展趋势

1)　标志在重大节日或具有纪念意义的日子可以变形

标志在重大节日或具有纪念意义的日子可以变形，这一趋势的首创是谷歌公司，每当在一个重要的节日或是具有纪念意义的日子，网友们会在谷歌首页看到精美的徽标，称为谷歌徽标(如图 3-42、图 3-43)：即在将谷歌的标志与节日或具有纪念意义的日子相结合进行艺术化处理。这些特殊日期的标志被融入种种创意，具有趣味性、文化内涵。这些创意标志有的由谷歌程序师设计，有的由艺术家设计，更有的来自小学生等一些热爱谷歌文化的人们。

图 3-42　谷歌公司标志

图 3-43　谷歌公司标志变形应用

中国的百度公司进行了跟进，在重要的节日或是具有纪念意义的日子，也将百度的标志与节日或具有纪念意义的日子相结合进行艺术化处理。图 3-44 所示为百度公司标志的变形应用。

图 3-44　百度公司标志的变形应用

其他公司也可以采用这一方式来增强标志的趣味、企业的创意性,引起更多的社会公众的注意,提高企业的知名度,扩大美誉度。

2) 标志的复合表现

标志的复合表现即标志、标准字和企业理念口号结合使用并放在公司的官方网站上,以更突出企业的特色。TCL、伊利、格力和雀巢公司的标志就是采用复合表现,如图 3-45 所示。

图 3-45　TCL、伊利、格力和雀巢公司标志的复合表现

5. 标志设计的规范化

在实际的应用过程中,标志会遇到很多具体的不同情况,例如印刷材料的不同、印刷大小的不同等。标志在应用时,常常会缩小或扩大,如放大到高速公路的广告牌时,会产生视觉上的空,没有紧凑感;而缩小到如名片、信封时,又容易出现模糊不清、缩成一团的现象,这对传播企业形象都十分不利。为了确保标志放大、缩小后的同一性,避免标志在应用过程中出现变形、异化等情况而造成对企业形象认知的削弱或误解,保证标志在应用时更加完善,应对标志的使用设立一定的规范。通过规范化来树立视觉识别系统的权威,以此来保证企业形象的统一和完整。标志规范化主要指标准制图。

标志的标准制图主要是把图形作数值化的分析,以便正确地再现和应用。常用的传统制图方法有:网(方)格标示法、圆弧角度标示法、比例标示法。

案例 3-2:中国联通公司的标志的标准制图

中国联通为了正确地向社会公众传达企业的标识,特进行了标志的标准制图,此制图规范规定了联通公司标志的整体造型比例、笔画粗细、结构空间等相互关系。如图 3-46 所示。

图 3-47 是中国联通标志的网格图规范,其经过精密绘制与视觉修正,主要用于快速绘制出准确的标志。制图时只要在单位网格中将标志的造型比例、空白距离等相互关系表达出来,然后依照此标准原样放大、缩小、复制即可。

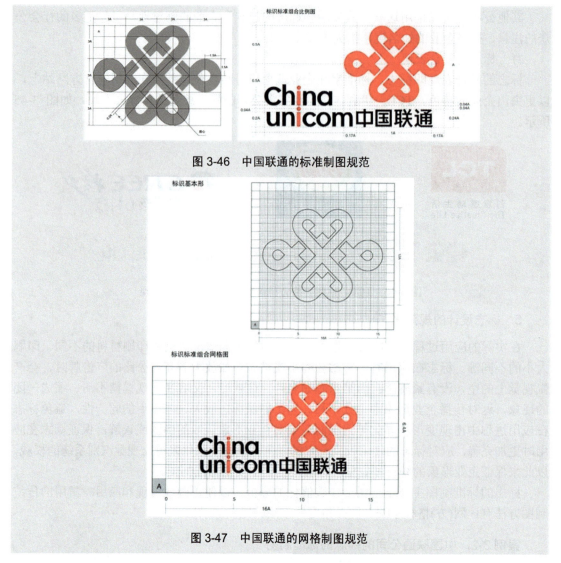

图 3-46　中国联通的标准制图规范

图 3-47　中国联通的网格制图规范

二、标准字

标准字(Logo Type)原是印刷术语,意指将两个以上的汉字组成一个固定的组合。在企业形象策划中,标准字常指企业使用的具有独特设计风格的字体,包括中文、英文或其他文字。标准字的选用要有明确的说明性,直接传达企业、品牌的名称并强化企业形象和品牌诉求力。标准字的设计是根据企业名称、品牌名称、活动主题、广告口号等精心设计创作的。企业的标准字的笔画、结构和字型的设计都应体现企业精神、经营理念和产品特性。

1. 标准字与标志、商标的关系

如果企业的标志是文字，则此标志往往就是企业的标准字，而此标准字经过在国家工商管理局进行注册后，就成为企业的商标。三者是可以互相转换的，对大多数企业来说三者是三合一的。图3-48所示是云南白药和统一的标志，它们既是企业的标准字也是企业的商标。

图 3-48　云南白药、统一的商标

2. 标准字设计的原则

1) 个性

企业标准字的笔画、结构和字型的设计应具有个性，容易被社会公众识别，能给社会公众留下深刻的印象。一个企业的标准字应体现企业精神、经营理念和产品特性等独特的内涵。用书法字体作标准字，具有古朴、稳重、端庄的特点；用美术体作标准字，具有刚劲、有力、现代和多样的优势。例如，中国国际航空股份有限公司(国航)是中国唯一载国旗飞行的航空公司，是国内航空公司第一品牌。国航是出入中国的门户企业，是国家形象的延伸，其标准字是邓小平手书的，邓小平手写体体现了国航的民族性、大气和稳重，如图3-49所示。

图 3-49　中国国际航空股份有限公司的标准字

2) 易读性

标准字的设计者总是费尽心思地挑选字体来表达企业的个性，却容易忽略它是否能被清楚地识别。字体有成千上万种形态及大小，消费者对这些字体的差异性并不敏感。如果设计出来的字体不易阅读，就会造成潜在顾客无法认出文字、无法正确识别出企业形象。所以在设计标准字时，要求简洁明了、通俗化，容易被社会公众识别，易读性是最重要的考虑因素。

易读性要求标准字不易使用繁体字，一方面国家法律规定大陆地区应使用简体字(2001年1月1日生效的《国家通用语言文字法》以法律形式确定普通话和规范汉字作为国家的通用的语言文字)；另一方面，现代社会是高速度、高效率发展的，无论是哪种字体的笔画、结构在适当装饰的基础上，都要具备准确、易读的特点，才能更好地被社会公众所识别，达到信息传递，认知企业形象的效果。图 3-50 所示的是宁波老外滩的标准字，虽然设计的古朴典雅，符合宁波老外滩的历史风韵，但从社会公众识别的角度来看，显然不具有易读性，不利于社会公众的识别与传播。

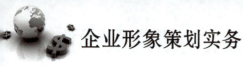

图 3-50　宁波老外滩的标准字

易读性还要求企业的标准字应以"简称"出现。心理学测试证明：字数在 2～4 字范围内，记忆效果最好。因此企业的标准字设计应是企业的简称，以便社会公众迅速记住企业的名字，增强易读性。

3) 造型性

企业标准字在其字形正确、易于识读的基础上，要使其富于美感、亲切感、创新感，具有造型性，如图 3-51 所示。标准字的设计在字体的线条粗细处理和笔画结构上要尽量清晰简化和富有装饰感。通过标准字的形态特征，力求做到美的传递，创造企业良好的形象，提高传播效益。

图 3-51　造型性标准字

4) 协调性

一方面，协调性表现为标准字应适应于各种媒体和不同材料的制作，应适应放大、缩小、反白、线框等多种表现形式，注意字体的系统性和延展性，对字距和造型要作周密的规划，达到与应用材质的协调统一。

另一方面，标准字要与标志图形相协调，标准字与标志是一个具有不同作用而又紧密相连的统一体，图形是直观化、感性认知多一些，文字是理性描述多一些，它们之间组合位置、组合方式应该配合协调，使整体既具有美感，又能鲜明地传达出企业经营理念和文化。图 3-52 所示。

3. 标准字的类型

对于中国企业来说，标准字有两种类型：中文标准字和英文标准字。

1) 中文标准字

中国企业大多数都设计有中文标准字，常见的有书法字体和装饰字体。

(1) 书法字体。书法是中国具有三千多年历史的汉字的艺术表现形式，既有艺术性，又有实用性。

图 3-52　标准字与标志图形的完美结合

案例 3-3：书法体标准字

1. 海尔公司的标准字

汉字"海尔"的标准字，是中国传统的书法字体，它的设计核心是，动态与平衡；风格是，变中有稳。这两个书法字体的海尔，每一笔，都蕴含着勃勃生机，视觉上有强烈的飞翔动感(如图 3-53 所示)，充满了活力，寓意着海尔人为了实现创世界名牌的目标，不拘一格，勇于创新。《孙子兵法》上说："能因敌变化而制胜者谓之神。"信息时代全球市场变化非常快，谁能够以变制变，先变一步，谁就能够取胜。"海尔"标准字在不断打破平衡的创新中，又要保持相对的稳定，"海尔"这两个字中都有一个笔画在整个字体中起平衡作用，"海"字中的一横，"尔"字中的一竖，"横平竖直"，使整个字体在动感中又有平衡，寓意变中有稳，企业无论如何变化都是为了稳步发展。

图 3-53　海尔公司的中文标准字

2. 中国银行的标准字

中国银行，是中国四大国有银行中资历最老的银行，是中国第一家国家银行——户部银行。成立于 1905 年，曾是清末规模最大的银行，1912 年至 1928 年间是南京临时政府和北洋政府的中央银行。新中国成立后，中国银行成为国家外汇外贸专业银行，为国家对外经贸发展和国内经济建设作出了重大贡献。1994 年，中国银行改为国有独资商业银行，现已成为面向全球的国际性大银行。中国银行的标准字中文字体由郭沫若先生题写，为郭沫若先生手写体，书法字体的标准字体现了中国银行独有的历史韵味，如图 3-54 所示。

图 3-54　中国银行书法字体标准字

（2）装饰字体。装饰字体具有美观大方，便于识别，应用范围广等优点。装饰字体是在基本字形的基础上进行装饰、变化加工而成的。它在一定程度上摆脱了普通字体的字形和笔画的约束，可以根据品牌或企业经营性质的需要进行设计，以达到加强文字的精神含义和富于感染力的目的。装饰字体表达的含义丰富多彩，例如，"圆滑字体"让人联想到糖果与糕点等食品，食品类企业使用较多；"角形字体"让人联想到方正与规矩，金融、工业类企业运用较多。

"圆滑字体"，如图 3-55 所示。

图 3-55　圆滑字体标准字

"角形字体"，如图 3-56 所示。中国建行、农业银行和工商银行采用的都是"角形字体"，建行为综艺体改进、农行为大标宋(未做修改)、工行是大黑体提炼，这三家银行看起来视觉平衡。除此之外，广发证券也采用了"角形字体"。以上"角形字体"的使用体现了银行、证券的规矩、平稳的行业特性。

图 3-56　银行、证券"角形字体"标准字

当然，"角形字体"的使用不仅限于以上特点的行业，中国移动、新东方和唯品会网站也采用了"角形字体"，如图 5-57 所示。"角形字体"方方正正，具有更好的识别性，因此被越来越多的行业企业所使用。

图 3-57　其他行业"角形字体"标准字

2) 英文标准字

中国正日益国际化，中国企业越来越多地走向世界，中国企业如只采用汉字作为标准字就存在很大的局限性，难以在国际市场上产生影响。为了更好地与国际接轨，除了有一个好听易记的中文标准字名称外，中国企业也应设计相应的英文名称标准字。

英文标准字一般有五种形式。

(1) 汉字标准字的汉语拼音化。中国一些知名企业(如海尔、华为、昆仑等企业)的英文标准字的设计直接采用汉字标准字的汉语拼音化，这种设计可使企业的两种语言发音一致，如图 3-58 所示。

图 3-58　汉语拼音化英文标准字

另外，还有一些企业采用汉语拼音的简化，例如高夫品牌，如图 3-59 所示。

图 3-59　汉语拼音简化的英文标准字

这是一种比较简单的方式，但应注意汉语拼音化后的英文意思不能与英文单词本身的含义出现冲突。

(2) 英文标准字与中文标准字音同意不同。中国另一些企业采用的英文标准字与中文标准字音同意不同，如图 3-60 所示。

图 3-60　英文与中文标准字音同意不同标准字

(3) 英文标准字与中文标准字意同音不同。一些企业的英文标准字与中文标准字意同音不同，无论是国外企业进入中国，还是中国企业走向世界，都有采用这一方式的，如图 3-61 所示。

图 3-61　英文与中文标准字意同音不同

(4) 英文标准字与中文标准字音不同意不同，联想的英文标准字 lenovo 的含义是创新，而汉字标准字仍沿用联想。联想采用了中、英文标准字完全不同含义，发音也不同的方式，如图 3-62 所示。

图 3-62　音不同意不同标准字

(5) 用汉字标准字的英文含义缩写来表达。工商银行、中青旅、中国网络电视台都是采用汉字标准字的英文含义缩写来表达的，如图 3-63 所示。

图 3-64　汉字标准字的英文含义缩写标准字

每个企业都有自己的不同表达方式，可以根据企业的行业特点、经营特色，及各种不同英文标准字的不同形状来决定最适合企业特色的英文标准字。

4. 标准字的标准化制图

标准字设计完成后，应按照标准的、规范的制图方法正确标示标准字的作图方法和详细尺寸，并制作大小规格不同的样本。标准化制图是标准字在传播应用中保持标准化、统一性的必要手段。标准字用来制作广告、包装、印刷物等时，需要按照标准制图来完成放大的所需规格。标准制图方法即将标准字配置到适宜的方格或斜格之中，并表明字体的高、宽尺寸和角度等位置关系。常用的标准制图有网格制图和直接标注法。如果标准字造型比较单纯，可进行重点标注；标准字造型复杂则尺寸标注尽可能详细、清楚，关键处更需注意。

案例3-4：中国联通公司的标准字网格制图

联通公司为与公司标志的造型结构形成统一，特规定中文简称为专用标准字。使用公司专用标准字在组合规范中更能达到整体协调，呈现出强烈的视觉效果，体现出个性的企业内涵与特色。网格制图规定了中文简称、全称的标准字的造型比例、结构空间以及笔画粗细等。中文全称字体与英文全称标准字体长度相等，整体上仍以凸现中文视觉形象为主。其中，中文全称标准字体采用黑简，英文标准字体采用Times体，如图3-64所示。

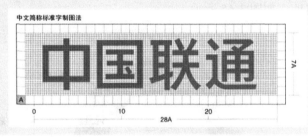

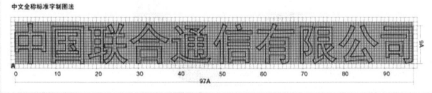

图3-64　中国联通标准字的网格制图

注：A为一个基础计量单位

三、标准色

英国著名心理学家格列高利指出:"颜色知觉对于我们人类具有极其重要的意义,它是视觉审美的核心,深刻地影响我们的情绪状态。"在视觉传达设计中,色彩往往是一种"先声夺人"的传达要素,就远程效果而言,色彩传达更优于图形传达和文字传达。

1. 色彩常识

1) 色彩的冷暖感

色彩的三要素是色相、明度和纯度。在三要素的基础上色彩具有四种感觉:冷暖感、空间感、大小感和轻重感。本文主要介绍与视觉设计相关较大的冷暖感。

冷暖感又称色性,是指因生活经验和联想而产生的对色彩冷暖倾向的感觉。一般来说,波长较长的红、橙、黄称为暖色,波长较短的蓝、青称为冷色,而绿和紫偏向于中间色,当然这是相比较而言的,如图3-65所示。

图3-65 色彩的冷暖感

在视觉设计中,暖色用于表现热烈、温暖、奔放感觉的事物,而冷色则用于反映凉爽。人们夏季穿着冷色的服装,可带来视觉上清新凉爽的感觉;冬季选择暖色系的服装则会显得温暖舒适。饮料包装的味觉常与视觉保持一致性,驱寒暖胃的红茶饮料或水果味饮料常用暖色,薄荷清凉口味或去火功效的饮料常用冷色。社会公众可以从五彩缤纷的货架上,通过包装色彩一眼识别饮料的口感,如图3-66所示。冷色还可以传达洁净、冷静和平和的设计感觉。例如,纯净水的容器包装多采用淡蓝色或淡绿色;需要平和、清洁、镇静感觉的场所,也常采用冷色调,如图3-67所示。

色彩的冷暖还有其行业属性。暖色系多用于餐饮、食品、节日促销、警示强调、美容行业等领域;冷色系多用于环保医疗、机械工业和高科技等相关行业的视觉设计,如IT行业的视觉设计常用冷色系,以突出一种未来感和严谨理性。众多电脑厂商的标志和科技网站标识大多采用冷色系,如图 3-68 所示。

图 3-66　暖色调的饮料包装

图 3-67　冷色包装　　　　　　　　　　　图 3-68　IT 行业标志

信息技术高度发展的今天,色彩的行业属性只是相对而言的,并不是绝对的。常有企业突破色彩的行业属性使用。

2) 色彩的象征性

色彩的象征性是指色彩对人的心理作用。色彩本身并没有感情和含义,但人们对色彩的理解来源于对客观事物的长期观察所得的视觉经验,一旦视觉经验与外来色彩刺激产生呼应时,就会在人们心理上引发某种情绪,产生某种联想,这就是色彩的象征性。表 3-1 所示,是几种色彩的象征意义。

表 3-1　色彩的象征意义

色相	具象象征(视觉)	抽象象征(味觉、触觉、听觉、嗅觉、意向、心理感受)
红	血液、夕阳、心脏、火焰、苹果、国旗、玫瑰、辣椒……	辛辣、甜、热情、热烈、危险、喜庆、反抗、爆发、激进、性感、羞涩、爱情、暧昧、激情、刺激、崇高、忠诚、警示、消防、紧急、血腥、暴力、战争、革命、躁动不安……

企业形象策划实务

续表

色相	具象象征（视觉）	抽象象征（味觉、触觉、听觉、嗅觉、意向、心理感受）
橙	橘子、晚霞、秋叶……	警戒、醒目、香甜、营养、食欲、温情、快乐、炽热、明朗、积极……
黄	香蕉、黄金、黄菊、皇帝、警示牌……	警示、明快、注意、光明、不安、野心、高贵、疾病、衰弱、轻浮、枯萎……
绿	树叶、草木、公园、蔬菜……	自然、安全、和平、理想、希望、成长、环保、卫生、新鲜、酸涩……
蓝	海洋、蓝天、远山、湖海……	寒冷、沉静、忧郁、凉爽、理性、自由、洁净、深邃、理智……
紫	葡萄、茄子、紫罗兰、紫菜……	富贵、雍容华贵、性感、神秘、孤独、嫉妒、优雅、病态、犹豫、消极、郁闷、陌生、捉摸不透……
白 (详见前文)	白雪、白纸、白云、护士……	纯洁、朴素、神圣、虔诚、虚无、洁净、光明、轻柔、健康、正义、柔弱、漂渺、完结……
黑 (详见前文)	夜晚、墨、木炭、头发……	死亡、邪恶、恐怖、严肃、孤独、崇高、庄重、力量、刚健、永恒、沉默、酷、另类、低调、黑暗、罪恶、悬疑、绝望、隐晦……

色彩的象征性并不是绝对的，它和地域、时代、民族等文化环境密切联系

色彩通过人的视觉影响思想、感情及行动，包括感觉、认识、记忆、观念和联想等，掌握和运用色彩的情感与象征是很重要的。在众多色彩中，最基本的颜色有五种：红、橙、黄、绿和蓝。在视觉设计的应用上最好使用5种基本颜色中的一种。

2. 标准色

标准色特指企业标准色(House Colour)，是企业指定作为专用的一种或几种特定的色彩。标准色透过色彩具有的知觉刺激人们的心理反应，可表现出企业的经营理念和产品内容的特质，体现出企业属性和情感。企业标准色与商品或包装一致，可以创造出统一的商品特色。合理的色彩运用到企业的各种宣传媒体上，能对人的生理、心理产生良好的影响，给社会公众带来丰富的联想，固定消费者的印象，达到吸引视觉的功能，塑造与众不同的企业形象。

标准色在视觉识别符号中具有强烈的识别效应。标准色的选用以国际标准色为标准，企业的标准色使用不宜过多，通常不超过三种颜色。

1) 标准色的选用方法

标准色的选用方法常用的有两个，企业可根据自己的不同特点选择其中之一使用。

(1) 根据企业所在的行业属性确定标准色。当一个企业选择一种颜色时，管理者常常会关注他们要建立的情感诉求，即这个行业适合于什么样的颜色。一般来说，食品行业偏向于使用暖色系颜色，如红、橙、黄等颜色；IT 行业偏重于冷色系，如蓝色；环保行业习惯于绿色。每个行业都有社会公众认同的行业属性颜色，每个企业都有自己所属的行业，可以根据企业的行业属性颜色来选择使用行业普遍色。例如，海尔的标准色自 2013 年以后，主色彩从红色变为蓝色。海尔集团在新的战略阶段，公司向着提供专业服务及解决方案的科技形象转变，新的品牌主色彩随之转变为蓝色，以体现科技创新与智慧洞察的视觉感受，如图 3-69 所示。

图 3-69　海尔公司标准色的演变

(2) 选择与竞争对手相反的颜色。在现代信息社会里，竞争在加剧，如果管理者在确定企业颜色时，只考虑情感诉求和风格的重要性，显然是不够的。有些企业为了在市场竞争中突出企业的特色，突出企业与同行的差别，企业选择了与主要竞争对手相反的颜色来显示与众不同，以达到突出形象的目的。

行业的领先者通常可以作出最佳的选择。例如，可口可乐作为这一行业的领先者，它根据其产品——可乐是一种红褐色液体，因此选择了红色为标准色。红色又是暖色系，给人以温暖、兴奋和高兴的感觉，可口可乐公司 100 多年来一直在使用红色。作为这一行业的跟进者，百事可乐最初作出了无奈的选择。它选择红与蓝作为企业颜色。红色象征可口可乐，蓝色用以与可口可乐相区别。可是，在消费者的眼睛里，世界好像已被可口可乐的红色标志填满了，很难看见百事可乐的标志。百事可乐的标志其实一直都在宣传，但它的颜色缺乏一种独特的个性，无法从可口可乐的红色海洋里突显出来。后来，百事可乐注意到问题的关键所在，它选择了一个与主要竞争对手可口可乐完全相反的颜色：蓝色。百事可乐变成了蓝色。百事甚至花钱将一架协和超音速飞机漆成蓝色，以将其蓝色的信息带给世界各地的消费者。百事可乐成功地树立了蓝色的企业形象。今天百事可乐与可口可乐之间的竞争被人们称为"红蓝之争"，如图 3-70 所示。

世界上著名的企业柯达与富士这两个竞争对手也做了相反的选择，如图 3-71 所示。

2) 标准色的构成

企业标准色的构成有多种，其中比较重要的有两种：①企业所有的系统都使用统一的标准色；②标准色加辅助色。

图 3-70　百事可乐与可口可乐相反的颜色

图 3-71　柯达与富士相反的颜色

(1) 统一的标准色。统一的标准色即企业所有的基础要素与应用要素都使用统一的标准色。例如,麦当劳与肯德基,只要确定了标准色,在全球所有的专卖店都执行到位。世界上大多数企业都采用了这一策略。企业长期保持用色的一致性有助于企业形象在消费者心目中留下较深的印象。

当然,统一的标准色可以是单色,也可以是多色。相对而言,一个企业选用单一的颜色总是最好的策略。可口可乐选用红色,百事可乐选用蓝色,德芙选用巧克力色(如图 3-72 所示),而 360 公司采用的是绿色(图 3-73 所示)。

图 3-72　德芙的单色标准色

图 3-73　360 公司的单色标准色

为了增强色彩律动的美感,也有许多企业在标准色的选择上采用两色以上的色彩搭配,如统一企业的标准色(如图3-74所示)。

图 3-74　统一企业的多色标准色

统一企业采用红色、橘色、明黄色三色来作为标准色。

"红色"代表热诚的服务、坚定的信心、赤诚的关注;

"橘色"代表勇于创新、长于突破,及与食品联想的满足感、丰盛感;

"明黄"富有温馨、明快、愉悦的感情,代表该品牌的期望。

图案整体采用明朗愉悦的暖色系,象征健康快乐的未来与新鲜活力的期许。

(2) 标准色+辅助色。标准色+辅助色是指大型企业集团,一般选择一个色彩作为企业的主标准色,再配以多个辅助色彩来区分庞大的分支机构以及不同品牌或产品的方法。一般情况下,一个辅助色代表一个分支机构或一个品牌。采用标准色+辅助色的目的是让社会公众进一步识别同一企业集团的不同类型,既可以表达企业集团母公司与子公司各自的身份和关系,也可表示企业内部的各个事业部门或品牌的分类,即通过色彩系统化的差异性来产生独特的识别特征。

例如,联邦快递公司的标志虽相同,却可用 EX 的不同色彩区别不同的企业部门,如图 3-75 所示。

图 3-75　联邦快递公司的相同标志的不同色彩

表示联邦快递总公司,也表示快递业务。

灰色:FedEx Service. 表示所有的服务,透过连接能到世界各地的 FedEx 网站。

靛蓝色:FedEx Kinko´s,联邦快递并购的公司,是商业服务中心,提供包含影印店、相片冲洗、提供包装等服务。

FedEx Freight 红色：FedEx Freight:Less-Than-Truck，联邦快递并购的公司，负责大卡车、联结车运送大型货物。

FedEx Custom Critical 青蓝色：用于特别需求的货物运送。

FedEx Ground 绿色：陆运。

FedEx Trade Networks 黄色：负责报关及海运。

又如，箭牌公司主导了口香糖市场 100 多年也采用了此种方式。最初的绿箭、黄箭和白箭口香糖就是通过色彩来进行区分薄荷、水果和留兰香口味的产品，如图 3-76 所示。

图 3-76　绿箭、黄箭和白箭口香糖

企业的标准色的设计不能随意定之，应根据企业的经营理念、性质及色彩本身的象征性来加以设定，才能准确地传递特定的企业形象。

3) 标准色的规范

企业标准色确定后，应制定严格的管理方法，采用科学化的数值符号或行业色彩编号等方法，以便达到标准化、统一化的色彩再现效果。例如，中国联通的标准色，采用传统的中国红和水墨黑。中国红即国旗红，代表热情、奔放、有活力，是中国人情结中最具代表性的颜色。象征快乐与好运的红色体现了联通公司的亲和力，并给人以强烈的视觉冲击感。水墨黑，是具有包容与凝聚力、稳重与高贵的颜色。中国红和水墨黑搭配具有稳定、和谐与张力的视觉美感。为使公司的标志色彩统一、准确和完整，联通公司在应用标志时对其标准色值作了规范性的规定，如图 3-77 所示。

图 3-77　中国联通公司的标准色

企业标准色的规范一般采用标准印刷颜色表示法。根据印刷制版的色彩分色百分比，标明企业标准色所占的比例。

四、企业吉祥物

吉祥物是指人们在一种或多种物象基础上,经想象加工创造出来,赋予其吉庆祥和、幸福美好、祈求平安的图符,如龙、麒麟、宝相花等民间吉祥物。在现代商业社会中,为企业做代言人的图腾就是企业吉祥物,它能够把消费水平相当、生活方式相近、思想性格相似的消费者"召唤"在一起。例如,麦当劳企业的吉祥物形象是"俏皮"的麦当劳叔叔。企业吉祥物也称企业造型,是利用人物、动植物等基本素材,通过象征、寓意、夸张、幽默等手法塑造出的形象,目的在于运用形象化的图形,以平易可爱的人物或拟人化形象来唤起社会大众的注意和好感,强化企业性格,表达产品和服务的特质。企业吉祥物作为 CIS 设计中的一个重要组成部分,与企业标志共同承担起传达企业形象的作用,因其更具人性化和亲和力,对标志起到了补充作用。它兼有标志、品牌、画面模特、推销宣传各方的角色特性,犹如一个友好使者密切地联系企业与消费者,使社会公众看到了企业造型,便会立即联想到相关企业与产品,建立起对企业和产品的良好印象。

1. **企业吉祥物的优势**

企业吉祥物是企业忠实的品牌形象"代言人",具有以下明显的优势。

1) 提高企业认知度

NEC 是日本一家大型综合性家电企业,已有上百年的历史。就是这样一家大型企业,十几年前在日本本土的市场认知率仅为 15.1%。然而在今天的日本市场,短短十几年的时间,NEC 的市场认知率已经达到 100%。这样的结果,企业吉祥物集市小猴(Bazar de Gozarre)功不可没!

1992 年春天,NEC 公司为开拓市场,营造具有亲和力的企业形象,打出"集市小猴"这张卡通吉祥物的牌。从商场宣传海报、产品样册到各种小型促销牌,无处不见小猴的身影。当年夏天,集市小猴便以超人气的知名度为 NEC 打下半壁江山,品牌认知率上升至 83.7%,这样惊人的人气指数着实让竞争对手吃惊不小。其实,对多数消费者来说,在产品价值形成的情况下,很容易选择具有亲和力的品牌。NEC 公司靠集市小猴"笼络"人心,大大调动了人们的兴趣,集市小猴也成为一个有价值的企业吉祥物,如图 3-78 所示。

2) 持续稳定性

企业吉祥物一旦塑造成功便可长久地成为企业形象代言人,只需后期与企业共同成长,如"米其林"轮胎人,诞生了一百多年依然年轻、充满活力,换做任何明星恐怕早已灰飞烟灭。吉祥物造型作为商标的附属物表达的已不仅是一种视觉语言,它既能反映企业时代特征、经营理念、个性思想、行业特色,又能赋予企业人格化的精神内涵,具有高度的稳定性。

图 3-78　NEC 公司吉祥物集市小猴

　　3）忠诚度

　　企业吉祥物作为企业形象代言人，具有高度的忠诚度。它的"生命、性格、思想、风格"是企业通过自己的企业文化和精神，量身打造出来的。吉祥物虽是拟人化的造型，不具有自觉的行为能力，但是企业可以根据自身的企业文化和精神赋予吉祥物生命的特征，从而在根本上解决代言人忠诚度的问题。

　　4）风险小

　　企业为提高知名度经常会请明星代言，有些企业一味追求明星效应，不惜花费重金聘请明星做代言人，却事与愿违，若该明星有丑闻或违法行为，很容易使企业蒙受无辜牵连，使企业形象大打折扣。而企业吉祥物的可塑性、掌控性会把这种风险降到最低。

　　5）低成本

　　企业选用明星做代言，少则几十万多则上千万元，对于中小企业来说负担较重，而把企业吉祥物作为企业形象的"代言人"就会大大降低成本。例如，"永和豆浆"的企业吉祥物：憨态可掬的农夫形象，给消费者忠厚老实可信的印象，既提升了品牌的知名度与亲和力又有效地降低了企业的运营成本，可谓是一举两得。

　　2．企业吉祥物的题材选择

　　企业吉祥物的选择，要与企业精神、产品特性相一致，更要有利于企业经营与形象。吉祥物取材可以是人物、动物、植物、生物、神话典故等，也可以是科幻、抽象、模糊的奇异形象，常见的有以下几种。

　　1）历史性

　　有些企业拥有得天独厚的历史文化背景，在此种情况下，可以充分挖掘企业的历史背景、历史人物来设计企业吉祥物，以突显企业的老牌特色、传统文化。

案例 3-5：肯德基和海尔的吉祥物

1. 肯德基的吉祥物

美国肯德基公司的吉祥物是以创始人哈兰·山德士上校的肖像为基础进行创造的。

世界的各个角落，人们都会常常看到一个老人的笑脸，花白的胡须，白色的西装，黑色的眼镜，这个和蔼可亲的老人就是著名快餐连锁店"肯德基"的招牌和标志——哈兰·山德士上校。1955年山德士上校的肯德基有限公司正式成立，他接受了科罗拉多一家电视台脱口秀节目的邀请。由于整日忙于工作，他只有找出唯一一套清洁的西装——白色的棕榈装，戴上自己多年的黑框眼镜，出现在大众面前。这一形象，很快就吸引了众多记者和电视主持人，自从在电视上露面之后，他的打扮就成为肯德基独一无二的注册商标，人们一看到他，就会自然想起山德士上校的传奇经历和他永远笑眯眯的样子。为此山德士经常开玩笑说："我的微笑就是最好的商标。"后来公司的标志与吉祥物就浓缩为那个一身白色西装，满头白发，戴着黑框眼镜，永远笑眯眯的山德士上校。

2006肯德基公司对标志进行了改进，新标识保留了山德士上校招牌式的蝶形领结，将他经典的白色双排扣西装换成了红色围裙。这红色围裙代表着肯德基品牌家乡风味的烹调传统。它告诉顾客，今天的肯德基依然像山德士上校50年前一样，在厨房里辛勤地为顾客手工烹制新鲜、美味、高质量的食物，如图3-79所示。

图 3-79 肯德基创始人与其历代"吉祥物"标志演变

2. 海尔公司的吉祥物"海尔兄弟"

"海尔兄弟"，一个是中国小孩和一个是外国小孩，其创意也是来自于海尔公司的发展历程。海尔集团公司的前身是1984年成立的"青岛电冰箱总厂"，该厂于1985年引进德国"利勃海尔"公司的先进技术和设备，生产出了亚洲第一代"四星级"电冰箱，为体现出双方的合作，海尔人将产品名称定为"琴岛—利勃海尔"，并且设计了象征中德合作的儿童吉祥物"海尔图形"（现在的海尔兄弟），此寓意中德双方的合作如同这两个兄弟一样充满朝气和拥有无限美好的未来，如图3-80所示。

图 3-80　海尔公司的吉祥物"海尔兄弟"

2) 故事性

企业吉祥物的设计也可以从民间流传、家喻户晓、深入人心的童话、神话故事或民间传说中进行选择。

例如，百度公司因"熊掌"图标的想法来源于"猎人巡迹熊爪"的刺激，与创始人李宏彦的"分析搜索技术"非常相似，从而构成百度的搜索概念，也最终成为百度的图标形象。顺理成章，熊成为百度公司的形象吉祥物，如图 3-81 所示。

图 3-81　百度公司的吉祥物百度熊

3) 材料性

材料性是指以企业经营的内容或产品作为企业吉祥物的设计来源。例如，米其林集团是全球轮胎科技的领导者，1832 年成立于法国的克莱蒙费朗，1889 年发明首条自行车可拆卸轮胎，1895 年发明首条轿车用充气轮胎，米其林集团在轮胎科技与制造方面发明不断。米其林集团的企业吉祥物是"比邦多姆"，如图 3-82 所示。

项目三　企业视觉系统设计

图 3-82　米其林集团的企业吉祥物"比邦多姆"

　　1894 年在里昂万国博览会上，米其林兄弟注意到展台上的一堆轮胎，这激发了他们的灵感，爱德华对安德鲁说："看，加上臂膀，它就会变成一个人。"后来，公司聘请了大量艺术家，解读米其林轮胎先生的幽默和活力，用以设计企业的吉祥物。1914 年设计的吉祥物：米其林轮胎先生抽着雪茄、戴着眼镜。后来，随着时代的发展，米其林轮胎先生的形象逐渐得到完善，并取名"比邦多姆"，如图 3-83 所示。

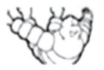

图 3-83　米其林集团的吉祥物"比邦多姆"的演变

3．企业吉祥物的特性

企业吉祥物除了可以准确而轻松地传达企业理念之外，还应具有以下特性。

1）亲和力

企业吉祥物是为了在社会公众心目中建立亲切感，拉近企业与社会公众之间的距离，促使社会公众对企业形成长久的记忆。企业吉祥物为了强调企业的经营特征应具有更强的亲和力和趣味性，这样容易使不同年龄、不同文化背景的社会公众产生认同与共鸣，如康师傅与麦当劳的吉祥物，如图 3-84 所示。

图 3-84　康师傅与麦当劳的吉祥物

2) 灵活性

企业吉祥物应具备可变的灵活性，通常应设计多种表情、姿态，以适用不同的场合。一个企业可以通过吉祥物的灵活性来反映其不同方面的经营理念和产品特性。例如，360 公司的吉祥物名为安仔，是一个可爱的绿色小机器人，其面对不同的情景有着丰富的表情和肢体语言。它的出现使得 360 有了可爱、可亲的形象，拉近了与用户的距离，特别是年轻的用户，如图 3-85 所示。

图 3-85　360 公司的吉祥物：安仔

项目三 企业视觉系统设计

3) 容易识别

容易识别一方面指的是吉祥物的明确性,因为消费者对他们不明确的事物是不会有消费欲望的。无论这个形象是人还是动物,是地球上的生物还是外星来客,都必须让人一眼能够识别。如果让观众看了半天,都不知道你的吉祥物到底是什么,或者你明明设计的是马,却被观众认成了猪,都是大忌。

容易识别的另一方面就是形象应具有高度的独特性与简洁性。肯德基上校、麦当劳叔叔、海尔兄弟这些经典形象,无一不是具有这样的独特性与简洁性。形象越独特,意味着市场上同类的形象越少,它的不可替代性就越强。同样,越简洁越好,企业吉祥物只通过看轮廓,就能被识别是最高境界。例如,中国旅行社的吉祥物是一个由人的眼睛、耳朵、双脚组成的"旅行者"形象(如图 3-86 所示),寓意为"耳闻、目睹、走天下",既具有亲和力,又容易识别。永和豆浆的吉祥物是一个戴草帽的"豆宝"形象(如图 3-87 所示),包含丰富文化底蕴,反映出了一种光辉传统,代表着"永和豆浆"的追求和信念。

图 3-86 中国旅行社的吉祥物:"旅行者"

图 3-87 永和豆浆的吉祥物:"豆宝"

【知识拓展 3-4】

著名企业的吉祥物欣赏

图 3-88 所示为淘宝、新浪、喜之郎和旺旺的吉祥物。

淘宝的吉祥物:蚂蚁 　　　　　　　　　　　新浪的吉祥物:大眼睛

图 3-88 著名企业的吉祥物

喜之郎的吉祥物：喜之郎小子

旺旺的吉祥物：旺仔

图 3-88　著名企业的吉祥物(续)

视觉系统的基础要素可以组成不同的组合，组合应根据企业规模、产品内容或其他的表现形式的要求而不同。最基本的是将企业名称的标准字与标志等组成不同的单元，以配合各种不同的应用项目。当各种视觉基础要素在各应用项目上的组合关系确定后，就应严格地固定下来，以期达到通过同一性、系统化来加强视觉诉求力的目的。

任务三　明确企业视觉系统的应用要素

任务导入

麦当劳与肯德基两个企业的标志，您都在什么地方见过？在生活中您看到企业的标志、标准字、标准色都用在什么地方？这些基础要素的应用，就是企业视觉识别系统的应用要素。那么，什么是企业视觉识别系统的应用要素？

项目三　企业视觉系统设计

视觉识别系统的基础要素(标志、标准字、标准色和吉祥物)常被企业用到企业的建筑外观、产品包装和办公用品上，这些使用的地方统一被称为视觉识别系统的应用要素。企业视觉的应用要素系统设计即是对基本要素系统在各种媒体上的应用所做出具体而明确的规定，包括所有生产、生活中涉及的与企业形象相关的区域，其主要应用要素如下：办公事务用品、建筑环境、广告媒体、陈列展示、产品包装、交通工具、员工服装等。应用要素部分在设计中可以根据具体情况予以区别对待。

一、办公事务用品类

社会公众一般是通过名片、信封这类小物品认识企业，这些小物品如设计精美、印刷讲究就容易给人好感，留下比较深刻的第一印象。办公事务用品的设计制作应充分体现出统一性和规范化，表现出企业的精神。其设计方案应规定办公用品形式排列顺序，以标志图形安排、文字格式、色彩套数及所有尺寸依据，以形成办公事务用品的严肃、完整、精确和统一规范的格式，给人一种全新的感受并表现出企业的统一风格。办公事务用品主要有名片、信封及其他用品。

1. 名片

交换名片是企业之间人员交往的第一个标准正式动作。名片在视觉设计上应体现企业的理念和文化，应使用企业的标准色、标志等基础要素。名片上的企业名称、使用者的姓名和职务、企业和使用者的联系方式(电话号码、传真及电子邮件网址)等都有统一的规定。常见的名片的标准尺寸为 90mm×55mm，以适合放进名片夹、名片簿为宜。企业的名片一般按企业人员的级别有不同的格式要求。如图 3-89 所示为中国联通的名片。

图 3-89　联通总部总裁、副总经理以下级别、分公司总经理及副总经理以下级别用名片

其他企业名片欣赏，如图 3-90 所示。

图 3-90　其他企业名片欣赏

【知识拓展 3-5】

名片在线制作

学生可以使用名片在线制作进行名片的简单设计。可参考网址如下：
① 名片设计制作-我拉网：http://mp.55.la/；
② 名片在线制作-改图应用-改图网：http://aliapp.gaitu.com/；
③ 在线名片设计_百度应用：http://app.baidu.com/naliyin。

2. 信封、信纸

企业信封有普通型、长型、开窗型等多种形式，也有各种规格尺寸。国内标准信封规格有(正面的长×宽)：①2号(B6)信封为176mm×125mm；②5号(DL)信封为220mm×110mm；③6号(ZL)信封为230mm×120mm；④7号(C5)信封为229mm×162mm；⑤9号(C4)信封：324mm×229mm。信封的设计既要有统一的规划，又要遵守国家邮政部门规定的信封尺寸、纸质、色彩、形式和其他重要限制的要求。图 3-91 所示为中国联通的标准信封。

图 3-91　中国联通的标准信封

企业用的信纸也要进行统一化处理，信纸的上部一般印有企业名称、标志、地址等信息。常见的信纸都保持一种标准矩形：其长宽两边之比，为"黄金比"或它的近似值，除留下书写的空间外，也应留出必要的边角，以使版面通透、视线流畅顺利，给人一种稳定、有秩序的感觉，如图3-92所示。

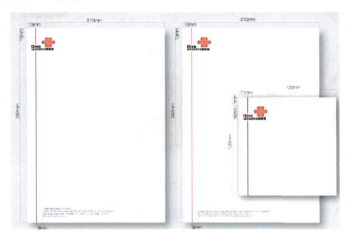

图3-92　中国联通的标准信纸

3. 其他办公事务用品

经常用的其他办公事务用品还包括：便笺、公司旗帜、证券、奖状、账票、工作证件、文件夹、笔记本、徽章、请柬、介绍信、公文表格、笔、文具盒、会客室的烟灰缸、茶杯等。

图3-93所示为中国联通的其他办公事务用品。

图3-93　中国联通的其他办公事务用品

企业形象策划实务

图 3-93　中国联通的其他办公事务用品(续)

图 3-94 和图 3-95 所示是新东方、苏宁集团的办公事务用品。

图 3-94　新东方的办公事务用品

项目三 企业视觉系统设计

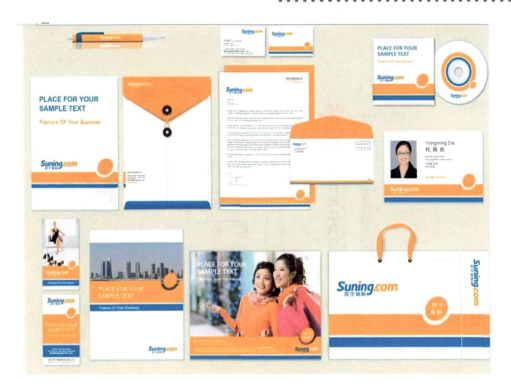

图 3-95 苏宁集团的办公事务用品

二、建筑环境

1. 内部建筑环境

企业的内部建筑环境是指企业的办公室、会议室、休息室等内部环境。设计时应把企业标志贯彻于企业室内环境之中，从根本上塑造、渲染、传播企业形象，并充分体现企业形象的统一性，主要包括：企业内部各部门标识、企业形象牌、吊旗、吊牌、POP 广告、货架标牌等，如图 3-96 所示。

2. 外部建筑环境

企业外部建筑环境设计是企业形象在公共场合的视觉再现，是一种公开化、有特色的群体设计，是企业的面貌特征体系。在设计上需考虑企业周围的环境，突出和强调企业识别标志，充分体现企业形象统一的标准化、正规化和企业形象的坚定性，以便使观者在眼花缭乱的都市中获得好感，主要包括：建筑造型、旗帜、门面、公共标识牌、路标指示牌等。在设计时要求简洁、醒目，避免过于花哨，如图 3-97 和图 3-98 所示。

企业形象策划实务

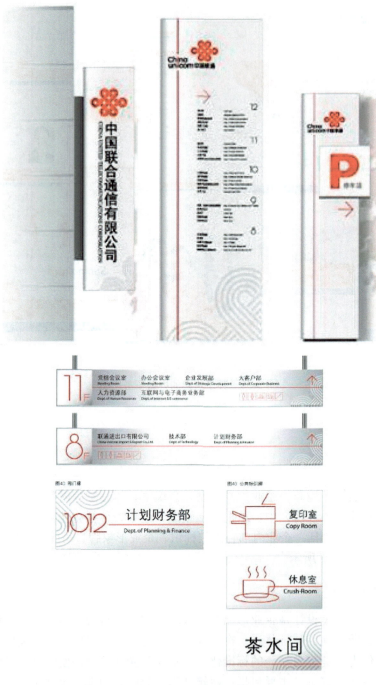

图 3-96 内部建筑环境

图 3-97　不同的外部建筑环境

图 3-98　欧尚的不同的外部建筑环境

三、广告媒体

现代企业经常会选择各种不同媒体，以广告形式对外宣传。广告是一种长远、整体、宣传性极强的传播方式，可在短期内以最快的速度、在最广泛的范围里将企业信息传达出去。

广告媒体主要有电视广告、报纸广告、杂志广告、路牌广告、招贴广告等。广告媒体无论采用哪一种形式都应充分体现统一标准化、正规化的企业形象。广告媒体的设计一般要求以企业视觉识别系统基础要素的各种元素组合为基础，在基础要素的基础上加入广告所要展示的各种内容，如图 3-99 所示。

图 3-99　苏宁的广告

四、陈列展示

企业陈列展示的不仅是产品本身,更体现了企业的审美情趣与水平。由于多数展示场所是租用或改建的,这就需要用强有力的视觉识别手段来统一风格,此时企业的标准色和象征图案常常是有效的工具。展示设计包括销售宣传册、技术资料、使用说明书、目录、展示会中展板设计、摊位的参观指示及企业在各地设置的展销厅设计等。图 3-100 所示是海尔集团的产品展示。

图 3-100　海尔的产品展示

五、交通工具

企业的交通工具经常穿梭于大街小巷，疾驰于碧海蓝天，活动范围大、宣传面广、持续时间长，是对企业形象的动态宣传和展示的重要载体。企业形象的信息会随着企业车辆深入到城市社区的每个角落。企业交通工具经常多次流动，具有反复强化社会公众的瞬间记忆的特性，有利于树立清晰的企业形象，是活动的免费广告媒体，投资少，收益高。越来越多的企业已注意到交通工具在宣传企业形象方面的重要性。

因为交通工具是快速流动的，在对交通工具进行视觉统一化时，应注意：①标志、标准字、吉祥物等文字和图案不宜过小，以足够引起行人的注意为准；②交通工具上文字排列的顺序，无论右侧还是左侧，都要按从车前到车后的顺序，不要逆向，以免被社会公众误认；③标志等基础要素通常可印刷在前车门、车两侧、车尾及车顶，车顶的标志可供公路两旁高层建筑或立交桥上的人群观看。

企业交通工具主要包括轿车、客车、面包车、卡车、工具车、轮船、飞机等，如图3-101所示。

图3-101　企业交通工具

六、产品包装

产品包装是指产品的容器或包裹物。包装的重要作用在于：①识别品牌；②传递描述性和说服性信息；③方便产品的运输和保护；④便于储存；⑤有助于产品消费。

产品包装一般分为运输包装和销售包装两类。运输包装的设计比较简单。包括商品名称、商标及企业名称、生产国别和运输包装的标志(运输标志、指示性标志、警告性标志、重量体积标志和原产地标志)，如图 3-102 所示。

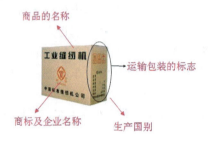

图 3-102　运输包装的内容

销售包装就是狭义的产品包装，它被称为营销组合中的第五个"P"。由于消费者大部分的品牌选择决策是在购买地点作出的，而产品包装能在瞬间抓住消费者的"眼球"，被称为"营销的最后 5 秒钟"、"永久的媒介"和"最后的销售员"，它能传播企业价值，强化企业形象，它本身就是一种符号化、信息化的企业形象之一。为了达到产品的营销目标，满足消费者的欲望，应对产品包装的尺寸、形状、材料、颜色、文字和图案等因素进行设计，以便向消费者传达更精致多彩的信息。

成功的包装设计是宣传、介绍企业和树立良好形象的有效途径，因此应对基本要素在包装设计中的应用做一些原则性的规定。

1. 颜色

颜色对产品包装很重要。消费者已对产品包装形成一种"色彩词汇"，例如，可口可乐是红色的、雪碧是绿色的、咖啡是巧克力色的等。消费者会认为，橙汁饮料的包装上的橙色越深，该橙汁的橙子含量会越多，口味会越好。因此，某类产品的包装应该具有一种特定的外观，当然这种特定的颜色外观应与企业的整体的产品系列的标准色是一致的。同时，将包装上的各种信息(包括标志、标准字、品牌名称、企业名称及说明文字等)统一、规范，以形成系列化的"家族"效果，避免各自为政、缺乏系统的情况出现。

2. 品牌名称大，企业名称小

如果企业采用多元化品牌战略，一个企业旗下拥有多个品牌，在产品包装上的品牌名称应优先于企业名称，因为消费者关心的是品牌，而不是企业。最容易、最简单的方法就是宝洁公司的做法：在产品包装上用醒目的粗体字显示品牌名称，而把宝洁公司以很小的字体显示在底部或背面，消费者可以很迅速地注意到品牌，而经销商或成熟的顾客却能轻松地发现品牌背后的企业名称，如图 3-103 所示。

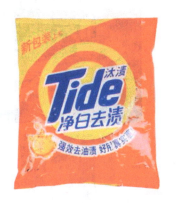 

图 3-103　汰渍、碧浪产品包装

产品包装设计范围包括盒包装、纸包装、木箱包装、玻璃容器包装、塑料袋包装、金属包装、陶瓷包装和包装纸、手提袋以及包装箱用的封口胶带及不干胶纸等，如图 3-104 所示。

图 3-104　产品包装

七、员工服装

企业采用整洁美观的服装服饰，对内可以增强员工的责任感和约束力，树立对企业的归属感、荣誉感和主人翁意识，提高员工士气，改变精神面貌，促进工作效益的提高；对外则体现企业的管理水平、文化素养及企业的精神面貌。

员工服装的设计，不仅要求体现穿着者个人的素质，更要体现企业性格及精神内涵，服装的款式、材料和色彩应能和企业 VI 的基础要素协调一致。

设计时可按工作范围、性质和特点，根据不同的辅助色区分不同的工种服装。员工服装主要包括经理服、管理人员服、工人工作服、迎宾服、运动服、文化衫、T 恤及领带、领带夹、领结、工作帽、纽扣、肩章、胸卡等，还要按季节分春秋装、夏装和冬装，如图 3-105 所示。

图 3-105　员工服装

课 堂 讨 论

1. 请列举出您熟悉的企业的标志、标准字、标准色和吉祥物？
2. 请分析加多宝与王老吉两家竞争对手的标准色？

项 目 总 结

本项目是企业形象策划的视觉识别篇。

任务一明确了视觉识别系统的作用：①传达企业统一信息、展现企业个性；②提高企业竞争能力；③提升企业的文明程度和管理水平。

确定了视觉识别系统设计原则：即体现企业理念、横向上应具有差异性和纵向上一致性的原则。本项目还补充了企业的商标与品牌战略的相关知识。

任务二介绍了企业视觉系统的基础要素，主要包括以下四部分内容。

第一部分：标志。首先明确了标志与商标的关系；其次确定了标志的设计原则，即传达企业理念、简洁性、识别性、时代性；再次，重点介绍了标志的设计方法，即文字类标

项目三 企业视觉系统设计

志、图形类标志和综合类标志；最后对标志的未来发展趋势和标志设计的规范化进行了简单介绍。

第二部分：标准字。首先明确了标准字与标志、商标的关系；其次介绍了标准字设计的原则，即个性、易读性、造型性和协调性；再次，重点介绍了标准字的类型；最后简单介绍了标准字的标准化制图。

第三部分：标准色。首先补充了色彩的有关常识，色彩的冷暖感和色彩的象征性；其次确定了标准色的选用方法，即企业标准色的确定可以根据企业的行业属性进行选择，选择与竞争对手相反的颜色；最后介绍了企业常用的标准色的构成方法及标准色的规范。

第四部分：企业吉祥物。企业设计吉祥物具有五点优势：提高企业认知度、持续稳定性、忠诚度、风险小和低成本。企业吉祥物的题材可有三种选择：历史性、故事性和材料性。企业在设计吉祥物时应力求符合三个特性：亲和力、灵活性和容易识别。

任务三明确企业视觉识别系统的应用要素：企业设计的基础要素经常用到企业的办公事务用品、建筑环境、广告媒体、陈列展示、交通工具、产品包装和员工服装等方面，这些应用元素被称为企业视觉识别系统的应用要素。

项 目 测 试

一、填空题

1. 商标的主要特征是_____。
2. 企业的商标与品牌战略包括_____和_____。
3. 企业视觉系统的基础要素包括_____、_____、_____和_____。
4. 企业视觉系统的应用要素包括_____、_____、_____、_____、_____。

二、多选题

1. 视觉识别系统的作用包括( )。
   A. 传达企业统一信息　　　　　　B. 展现企业个性
   C. 提高企业竞争能力　　　　　　D. 提升企业的文明程度和管理水平
2. 标志的设计原则包括：( )。
   A. 传达企业理念　　　　　　　　B. 简洁性
   C. 识别性　　　　　　　　　　　D. 时代性
3. 标准字设计的原则包括：( )。
   A. 个性　　　B. 易读性　　　C. 造型性　　　D. 协调性
4. 企业吉祥物的特性为( )。
   A. 亲和力　　B. 灵活性　　　C. 易读性　　　D. 容易识别

119

三、项目实训题

1. 查找一组企业的标志、标准字、标准色、吉祥物。
2. 请为您虚拟成立的企业，设计一组视觉识别系统。
   (1) 基础要素：标志、标准字、标准色、吉祥物；
   (2) 应用要素：第一，办公事务用品类，包括名片、信封、信纸、其他办公事务用品；第二，企业外部建筑环境、企业内部建筑环境；第三，交通工具；第四，产品包装；第五，员工服装。

项目四

企业行为识别系统

【知识目标】

(1) 掌握企业对内行为规范与管理。
(2) 了解企业对外行为规范系统。

【技能目标】

(1) 能设计企业对内行为规范的内容。
(2) 会制定企业对外行为规范的方案。

企业形象策划实务

项目导入

陕西凉皮到了北京,味道上会相差很大;食品连锁品牌"东东胖仔米线"在中国同一个城市(保定)的两家店(军校广场店与永华路店),在口味上会产生差异,甚至在同一家胖仔米线店内因服务员的不同而咸淡不一。而美国麦当劳和肯德基的汉堡包在全世界各地却是一个味道,无论是在华盛顿、伦敦还是在中国北方的一个普通城市。那么,中国传统美食企业与美国快餐企业之间最大的差异是什么呢?

中国传统美食企业与美国快餐企业(图 4-1)之间最大的差异之一是企业的行为识别系统观念不同。

图 4-1 中国传统美食企业与美国快餐企业

一个企业如果要设计行为识别系统,需要重点关注以下几个问题:
(1) 什么是企业行为识别系统?企业行为识别系统都包括哪些内容?
(2) 怎样设计企业行为识别系统?

任务一 明确企业行为识别系统的原则及步骤

任务导入

"松下公司培养松下人,兼营电器。"

——松下幸之助

为什么一个以经营电器为主的企业创始人会说出如此名言呢?很多企业能在竞争中取

项目四 企业行为识别系统

胜,是因为他们既对企业最重要的因素——员工进行精神、文化的培养,也对员工的行为进行科学、规范化的培训。与日常的规章制度相比,企业行为识别系统侧重于塑造一种能激发企业活力的机制,这种机制应该是独特的,具有创造性的,因而也是具有识别性的。那么,什么是企业行为识别系统?

企业行为识别系统(Behavior Identity System,BIS)即企业行为统一化,亦称"企业的手",是在企业实际经营中,对所有企业行为、员工操作实行系统化、标准化、规范化的统一管理,以形成统一的企业形象。它是企业理念和视觉识别系统的外化和表现。企业行为识别是一种动态的识别形式,它通过各种行为或活动将企业理念和视觉识别系统进行贯彻、执行和实施。

企业的行为识别系统关注的是企业人员行为的传播功能,它的意义在于建设行为识别的一致性与差异性。一两次成功的企业活动不一定具有行为识别的功效,但数次的企业活动就应具有识别的统一化效果,有助于企业形象识别系统(Corporate Identity System,CIS)设计系统中企业形象一体化的建设。

一、建立行为识别系统的原则

1. 以企业理念为导向

企业行为识别系统是在企业理念的指导下逐渐培育起来的,它是一个企业通过科学的管理和制度执行等手段,对企业员工的行为进行约束和规范。它是 CIS 的动态识别形式,核心在于企业理念的推行,将企业的内、外部员工行为视为一种理念传播的符号,通过这些符号传达企业理念、塑造企业形象。它一方面通过企业内部的制度、管理与教育训练,使员工行为规范化,使企业在处理对内、对外关系的活动中,体现出一定的准则和规范,以实实在在的行动体现出企业的理念和经营价值观;另一方面通过举办与企业理念、企业视觉识别系统相互交融的有特色的企业活动,以有利于社会大众和消费者认知、识别企业,塑造企业的外在形象,树立起良好的企业整体形象。

例如,英特尔企业在对外传播时总是以"高科技,领先技术"的形象出现,无论对外传播的内容发生怎样的变化,这一传播主调都不会发生变化。这一传播主调不仅将企业的风格、精神再现出来,也体现出英特尔企业与众不同的基本内涵和目标追求。

企业行为识别系统是企业处理和协调人、事、物关系的动态运作系统,它需要企业员工在理解企业理念的基础上,把理念变成发自内心的自觉行动,将企业理念落实到不同层面的管理行为、销售行为和其他企业行为中;它要求企业各部门相互尊重,各司其职,通过对内教育,对外参与,使员工对企业理念达成共识,增强凝聚力,从根本上理解经营机制,塑造良好的企业形象。

2. 统领企业的行为准则

一个企业的员工如果出现以下举止行为：营业员对顾客态度不好、秘书接电话不礼貌、带有企业标志的车辆违反交通规则、业务员与客人约谈未能准时赴约……这些个别员工的不良行为都将会对企业整体形象造成损害。企业行为识别系统作为企业的"手"，应统领企业所有员工的行为准则，使企业员工的行为有一个统一的标准，以达到塑造统一企业形象的目的。

> **案例 4-1：麦当劳的企业行为识别系统**
>
> 世界著名餐饮企业麦当劳正是基于其企业行为识别系统，才使其旗下世界各地的成千上万家的连锁店保证始终如一的味道，从而树立起良好的企业形象，成为世界上数一数二的餐饮巨头。
>
> 麦当劳的企业理念是品质(Q)、服务(S)、清洁(C)、价值(V)，为了保证麦当劳餐厅的 Q、S、C、V，麦当劳把每项工作都标准化，即"小到洗手有程序，大到管理有手册"。
>
> (1) O&T(operation training manual)即麦当劳营运训练手册。随着麦当劳连锁店的发展，雷•克罗克坚信：快餐连锁店只有标准统一，而且持之以恒地坚持标准才能保证成功。因此，在第一家麦当劳餐厅诞生的第三年，麦当劳公司就编写出第一部麦当劳营运训练手册。营运训练手册详细说明了麦当劳政策，餐厅各项工作的程序、步骤和方法。30 年来，麦当劳系统不断丰富和完善营运训练手册，使它成为指导麦当劳系统运转的"圣经"。
>
> (2) SOC(station operation checklist)即岗位工作检查表。麦当劳把餐厅服务组的工作分成二十多个工作站，如煎肉、烘包、调理、品管、大堂等，每个工作站都有一套"SOC"。SOC 上详细说明在工作时应事先准备和检查的项目、操作步骤、岗位第二职责、岗位注意事项等。员工进入麦当劳后将逐步到各个工作站学习，通过各个工作站学习后，表现突出的员工将会晋升为训练员，由训练员训练新员工，训练员中表现好的就会晋升到管理组。
>
> (3) PG(pocket guide)即袖珍品质参考手册。麦当劳管理人员人手一份，手册中详细说明各种半成品接货温度、贮存温度、保鲜期、成品制作温度、制作时间、原料配比、保存期等与产品品质有关的各种数据。
>
> (4) MDT(management development training)即管理发展手册。麦当劳是依靠餐厅经理和员工把麦当劳的 Q、S、C、V 传递给顾客的，因此对餐厅经理和员工的训练是非常重要的，所有的经理都从员工做起，必须高标准地掌握所有基本岗位操作并通过 SOC。麦当劳系统专门为餐厅经理设计了一套管理发展手册(MDP)。管理发展手册一共四册，采用单元式结构，循序渐进。管理发展手册中既介绍了各种麦当劳管理方法，也布置了大量的作业让学员阅读营运训练手册并加以实践。与管理发展手册配合的还有一套经理训练课程，如基本营运课程、基本管理课程、中级营运课程、机器课程、高级营运课程。餐厅第一副经理在完成管理发展手册第三册的训练课程后，将有机会被送到美国麦当劳总部的汉堡包大学学习高

级营运课程。高一级的经理将对下一级的经理和员工实行一对一的训练。通过这样系统的训练，麦当劳的企业理念、行为规范就会深深地渗透到麦当劳员工的行为之中。

3. 统一性

企业行为识别系统应具有统一性，它要求企业的一切活动，无论是对内还是对外均须表现出一致性。

(1) 它要求企业的全体员工和各个部门在开展各项活动时行为必须统一，以便在社会公众面前塑造出统一而良好的企业形象；

(2) 它要求企业的各项活动表现必须与企业的理念系统相吻合，使其成为企业理念系统的一个动态表现，以保证企业的各项活动互相衔接，形成一个完整的有机整体；

(3) 它要求企业所有工作人员在活动中的表现具有统一性，包括语言传播的统一性、行为表现的统一性。只有这样，才利于企业整体形象的再现和社会公众对企业活动的识别与接纳。

企业行为识别系统是一个有机的系统，它涉及企业的方方面面，对内包括员工教育与培训、组织建设、生产运作、内部关系协调与沟通、工作软环境的再创造等；对外包括公共关系、广告宣传、促销、社会公益性等活动。所有这些活动都是一个统一的动态活动过程，其目的是为了争取社会公众的识别、认可与接纳。企业行为识别系统的实施推广，使企业对内可增强凝聚力，成为一个决策民主、组织严密、制度严明、关系融洽、作风优良的整体；对外可通过向社会传递统一而清晰的概念，树立企业在社会公众心目中良好的形象。

二、设计企业行为识别系统的步骤

1. 调查

知己知彼方能百战不殆，一个企业在设计行为识别系统前需先进行调查。企业行为识别系统的调查工作主要从两个方面展开。

(1) 调查同行业竞争对手企业的情况。了解竞争对手的行为识别系统的相关内容，即可用以借鉴，也可预防雷同现象出现。

(2) 对企业原有的行为模式进行调查。例如，对本企业的管理行为、员工教育与培训、内部关系协调与沟通、公共关系、广告宣传、促销、社会公益性等活动进行调查，分析这些企业本身的行为模式是否反映了企业的理念，是否能保证企业的有效运转。

2. 运用SWOT方法分析企业行为

SWOT方法是一种态势分析法，能够比较客观而准确地分析和研究一个企业的现实情况。四个英文字母分别代表：优势(Strength)、劣势(Weakness)、机会(Opportunity)、威胁

(Threat)，如图 4-2 所示。

其中，SW 主要用来分析企业内部条件或因素，发现优势和劣势；OT 主要用来分析企业外部条件，发现机会和威胁。机会和威胁更偏向于企业的开放性系统，即企业的外部环境；而优劣势则更偏向于企业的封闭性系统，即企业的内部环境。通过 SWOT 分析，企业可找出对自己有利的、值得发扬、具有特色的因素，以及对企业不利的、要避开的因素。通过 SWOT 分析可以有效发现企业存在的问题，进而找出有别于竞争对手的企业特色，明确本企业行为识别系统的定位方向。它可把对问题的"诊断"和"处理"紧密结合在一起，条理清楚，便于检验。

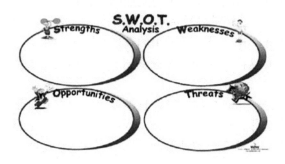

图 4-2　SWOT 结构

用 SWOT 方法分析企业行为，实际上就是将第一步的调查结果与竞争对手进行对比，找到企业的特色行为方式。

3. 定位设计

在对企业行为活动进行调查、SWOT 分析后，就需要对企业特色的行为识别系统进行定位。定位是在分析的基础上进行的，具体的定位设计包括很多内容，重点不在于这些具体内容的条条款款，而在于以企业理念作为指导思想、建立符合企业理念的行为特色，使企业行为识别系统的设计能真正为企业所用，取得实际的效果。

任务二　确定企业内部行为识别系统

任务导入

"只有依靠忠诚企业的人才，才能保证企业的发展，才能保证技术创新、管理创新和营销创新。"这是格力电器的名言之一。

2012 年，格力电器以执着的实业梦想、彻底的专业路线、持续的自主创新，成为中国首家"千亿级"家电上市企业。这一切，都归功于"人"。2001 年，格力总裁董明珠明确提出"百年企业，人才管理是基础"。为此，格力电器建立了一整套"选、育、用、留"的人才培养体系，包括德才兼备、品德优先的选人机制，"能者上、庸者下"的内部晋升机制和优胜劣汰的竞争机制，为各类人才提供了施展平台。2012年格力建立工程技术学院的"育人工程"、一人一居室的"安居工程"、设立自动化研究院以提高人均产值的"创新工程"和讲真话、干实事、讲原则、办好事、讲奉献、成大事的"灵魂工程"。以下为格力内部行为识别系统的一部分：

(1) 优秀的人才队伍是企业奋进的源动力。格力电器秉持"公平公正、公开透明、公私分明"的管理方针，注重对干部队伍的思想和行为进行管理。

(2) 格力电器重视人才培养和激励体系建设，1995年开始，公司设立科技进步奖，以奖励对公司做出贡献的技术人员，最高奖励可达100万元。

(3) 格力已与清华大学、马里兰大学等国内外著名高校达成了合作协议，开设了机械、自动化、制冷、MBA等硕士专业，专门为格力内部员工提供有关的专业课程辅导。

(4) 为了打造学习型团队，公司投入约3000万元建成格力员工培训中心大楼，配备了大量现代化的多媒体培训设施，为员工提供了良好的学习环境和氛围。

(5) 技能型人才已经成为驱动格力电器业绩飞速增长的强劲引擎。公司建立完善的劳动技能竞赛与评定制度，每年举行"格力电器劳动技能精英赛"，涌现出各类技能精英。

格力电器等优秀的中国企业都形成了一套完整独特的企业内部行为识别体系。那么，企业内部行为识别系统的具体内容包括哪些内容呢？

企业行为识别系统分为内部行为识别与外部行为识别。内部行为识别是外部行为识别的基础，外部行为识别是内部行为识别的延伸与扩展。内部行为识别系统包括：员工教育与培训、行为规范制度、员工手册等。

一、员工教育与培训

企业的每一位员工在社会上都代表其所属企业的形象，员工作为社会中的一员，因其文化背景、社会经验的不同，其行为准则和理想目标都带有明显的个人色彩，当企业的员工与非企业人员接触时，其个体行为往往会成为其所属企业的象征和表达，员工的言行会对企业形象产生直接影响。相应的，企业的价值观也会影响全体员工的言行，所以企业员工的教育与培训是内部行为识别系统最重要的因素。

企业员工教育与培训的质量与效果，对提高员工队伍素质、塑造良好的企业形象、增强企业整体的竞争力有着十分重要的作用。员工教育培训是企业内部劳动管理的一项日常

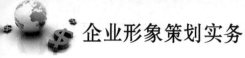

性工作，必须从战略高度上认识到加强员工职业教育培训工作的地位和作用，采取积极措施，与时俱进。市场经济条件下，最具有竞争力的企业必然是学习型企业，企业领导者应转变传统培训的观念，加强宣传力度，让企业培训的目的和意义深入人心，营造一个"尊重知识"、"尊重人才"的学习氛围；加强员工的思想政治教育及企业理念与文化教育，引导员工终身学习，加强员工对"危机"意识的引导，从而实现"要我学"到"我要学"的转变。例如，五菱集团就提出了"造人、造车、造企业"的企业宗旨，其中"造人"就是要造就善于学习和创新、富有使命感和成就感的五菱人，企业要求员工"学习得更快，应用得更好"。该公司通过教育与培训，创立了新颖的交流方式，一批工段长、培训师成了各方面的带头人，实现了企业从自我奋斗型向学习型转变，使企业获得了质的飞跃。

培育高素质的员工队伍，是现代企业塑造良好形象、建设优良企业的根本保证。不同企业的教育培训各不相同，但有效的教育培训具有培训目标系统化、培训经常化、过程阶段化、内容丰富化、形式多样化、加强监督与考核等特点。

1. 目标系统化

企业培训员工的总目标是提高企业员工队伍的整体素质，以实现企业的长期形象目标，适应企业未来发展的需要。企业员工的培训目标必须明确而系统，企业不同层次的员工，不同岗位的员工，因工作性质不同，培训的内容与目的是有区别的。企业的教育与培训既要有针对性，又要注意员工素质的全面提高，具有系统性。

2. 培训经常化

企业要把对员工的教育与培训当作一项长期的战略措施，制定一系列具有可操作性的规范制度，使企业和员工的行为有章可循、规范统一。在制度和规范的统一下，员工的教育与培训形成一种经常化的氛围，以满足现代企业发展对员工学习的要求，以便不断提高员工的素质，跟上时代的步伐。

3. 过程阶段化

企业的教育与培训要分层次、分阶段、有计划地实行，要循序渐进，逐步进行，不断改进，遵循人才成长的客观规律，不能操之过急。

4. 内容丰富化

企业的员工培训不能只局限在岗位技能和专业知识上，要努力提高员工的自身修养和综合素质。企业员工包括管理人员在内，教育培训的内容应包括法律法规、企业文化、企业理念、岗位新技术、管理科学和人文修养等多个方面，丰富多彩的培训内容也会激发员工的学习欲望和积极性。

5. 形式多样化

企业对员工的教育与培训应采用各种形式相结合的方式，常见的有专家讲座、小组讨论、模拟、案例分析等。例如，在培训职工过程中，可把"案例"模拟教学由课堂改到现场，使职工身临其境，充当真正的实践者；也可实行研讨知识双向教学方式……总之要把激发员工的学习兴趣作为教学培训方法的基本点，不断尝试新形式，给职工以新鲜感。要开拓多元化的教学培训模式，使职工教育培训主体的学历教育与职工培训有机结合，理论教学与技能教学有机结合，职前教育与职后教育相结合，岗位培训和继续教育有机结合，形成多层次、多形式、多功能、多元化的教学模式，使职工培训成为企业生产发展的持续动力。

6. 加强监督与考核

为使企业员工的教育与培训工作取得更好的效果，企业应加强监督与考核。企业应建立适应现代企业制度需要的培训、考核机制以适应知识经济时代的要求，使其更好地为企业发展服务。

案例 4-2：海尔集团对员工的教育与培训

海尔大学(如图 4-3 所示)是企业内部的人才培育基地，始建于 1999 年 12 月 26 日，占地面积 12 000 平方米，总建筑面积 3600 平方米，拥有 17 间类别不同的多媒体网络教室，能同时容纳 800 人学习、互动、研讨。"创新、求是、创新"是海尔大学的校训。海尔大学本着传承、推广集团"创业 创新"的企业理念，为员工提供一个良好的学习平台，员工可以根据自己的培训需求，"自主学习、自主发展"。

图 4-3 海尔大学

海尔大学针对员工的不同发展时期，制定了不同类型的培训方式。培训从新员工入职前就开始进行，作为实习生达标后再进入正常员工培训周期，教育培训贯穿企业员工的整个职业发展生涯。在员工进入部门后,海尔大学对生产、研发、销售等不同岗位的员工及其不同发展阶段,提供有针对性的培训方案。同时在海尔集团"人单合一"双赢模式的战略要求下,海尔大学设计方案帮助员工有计划地提升开放创新等方面的能力,实现员工的"自驱动、自创新、自运转"。

1. 海尔集团的培训阶段

海尔集团实习生的培训与教育项目分为四个阶段:认同文化、实践历练、能力提升、融入海尔分享价值,在不同阶段有不同的培训内容。

(1) 认同文化阶段:了解组织的战略以及远景,与部门人员见面,帮助融入部门;了解海尔文化,参加海尔开放日,并接受海尔企业文化系列培训。

(2) 实践历练阶段:接受所属部门的基本流程、平台、知识、产品等基础知识介绍与培训,接受实习岗位技能知识培训与交流,通过岗位历练寻找今后学习的课程方向。

(3) 能力提升阶段:在所属部门里研究上一个阶段确定的课程,在目标岗位进行实践,接受海尔大学的职场基础技能的培训,以提升专业技能及职场的基础技能。

(4) 融入海尔分享价值阶段:根据上一阶段实习,进行专业课题研究,接受部门内部安排的目标岗位的专业知识培训,接受海尔大学职场升级技能方面的培训。

2. 海尔集团的学习资源

海尔是世界上首家通过ISO 10015国际培训管理体系认证的企业,具备完善的课程和讲师管理体系,为了满足员工能力提升的需求,海尔大学规划了多种学习资源,如图4-4所示。

图4-4 海尔集团的多种学习资源

(1) 脱产学习:通过参加培训项目、公开课,或外出参加外部培训、论坛或继续教育、参观考察、workshop 等，提升员工特定的能力，并起到开阔视野，了解前沿学习内容的作用。

（2）自我学习：海尔大学建立了"云"学习平台，可以满足全球员工的 24 小时在线学习。例如，可以通过登录人力资源信息网下载 maillearning 资源，可以通过到海尔大学知识中心借阅书籍/杂志，可以通过手机进行书籍学习或信息接收，可以通过网络搜索信息与学习资源等形式进行自我学习。

（3）岗位学习(包括向他人学习、在工作中学习)："70/20/10"学习理念认为，帮助员工提升的学习活动仅有 10%来源于正式的课堂学习，20%来源于指导、辅导、书籍学习，但却有 70%来源于工作岗位实践。

目前，海尔大学有来自各个业务部门优秀员工组成的内部讲师团队，与中欧、沃顿商学院、人大、AMA、卡内基等机构多位教授组成的外部讲师团队一起努力，为海尔员工提供教育与培训。现海尔大学拥有 13 大类 4000 余门培训课程，有近 30 个经典案例被哈佛大学、IMD、英国剑桥大学、清华大学等世界一流大学所使用。2013 年，海尔大学共开设 150 班次，覆盖 7000 余人次，海尔大学将在帮助学员能力提升和绩效达成方面进行不断的探索和创新。

二、行为规范制度

在同一个企业之中，所有员工都会具有一些共同的行为特点和工作习惯，这种共性的行为规范，一部分是广大员工在长期共同工作的过程中自发形成的，另一部分则是企业理念、企业制度和风俗长期作用的结果。企业要使员工的行为规范化，需要把企业的理念深入到员工行为中去，不仅让员工熟知和理解企业理念，更要使之成为员工的自觉行动，以达到塑造企业形象的目的。为此，企业应制定相应的行为规范制度，以详细说明不同岗位员工的操作规范，取得员工共识。

例如，美国的餐饮巨头麦当劳，为保证其在世界各地食品口味的一致性，制定了 PG(Pocket Guide)手册，即袖珍品质参考手册，手册中详细说明各种半成品接货温度、贮存温度、保鲜期、成品制作温度，制作时间、原料配比、保存期等与产品品质有关的各种数据。例如，牛肉必须是精瘦肉，脂肪占 17%～25%；肉饼成型后一律为直径 98.5mm，重 47 克。正是规范化的员工行为规范制度保证了麦当劳在美国、加拿大的国际性大都市和中国北方的一个小城市的食品口味的一致性。

行为规范制度的内容包括以下内容。

1. 岗位规范行为准则

岗位规范行为准则是指企业不同岗位员工应遵守的规范行为准则，如服务行为规范和服务流程等。每个企业的不同岗位都有不同的岗位规范内容。例如，海尔的售后服务一直

是中国企业界公认为做得最棒的，正是海尔的售后服务规范模式("12345"服务规范)成就了海尔的这一良好的企业形象，其具体内容如下所述。

(1) 证件：服务人员上门服务时出示"星级服务资格证"。

(2) 公开：公开出示海尔"统一收费标准"，公开一票到底的服务记录单，服务完毕后请用户签署意见。

(3) 到位：服务前"安全测电并提醒讲解"到位，服务中通电试机及向用户讲解使用知识到位，服务后清理现场到位。

(4) 不准：不喝用户的水，不抽用户的烟，不吃用户的饭，不要用户的礼品。

(5) 五个一：递上一张名片、穿上一副鞋套、配备一块垫布、自带一块抹布、提供一站式产品通检服务。

2. 员工基本社交礼仪

良好的企业形象，要求每一位员工都具有良好的形象。员工是企业整体中的一分子，顾客对员工印象的好坏会直接反映到对企业整体形象的评价上。员工能否很好地遵从企业礼仪在于员工自身的素质、修养和道德情操等。因此，要加强员工培训，把执行企业礼仪变成他们自发和自觉的行为。

员工基本社交礼仪规范指员工的仪表规范，包括仪容和仪态。仪容，是指人的容貌；仪态是指人的姿态、风度、举止和体态。所以，员工基本社交礼仪包括员工的仪表规范和礼仪规范。企业员工的容貌天生，较难改变，但气质的优劣、风度的雅俗，可从后天的培养得来，即使长相不佳，但从容的气度、大方的仪态、机智的谈吐，也可以增加吸引人的魅力。这就要求加强企业员工基本社交礼仪的教育与培训，把执行企业礼仪变成员工自发自觉的行为，为塑造良好的企业形象增砖添瓦。

3. 制定奖惩措施

企业要使员工长期保持干劲，不能只靠赞美，还需要一定的奖惩措施给予制度上的保证，企业制定奖惩措施是十分必要的。企业要给予员工发挥才干的机会，要让员工知道内部竞争是公平的，使每位员工相信每个人都可以依赖自己的责任心和独特的才华取胜，承担责任和努力工作必将得到厚报，而相互牵制或推诿责任的员工将受到处罚。企业应岗位责任明确，那些相互容忍、责无旁贷、解决问题的员工应得到嘉奖。

案例4-3：海尔集团的"80/20原则"

海尔集团员工的奖惩制度，有效地保证了海尔员工的工作热情，其中最著名的奖惩制度是"80/20原则"：即关键的少数人制约着次要的多数人。管理人员是少数，但属于关键性人物；员工是多数，在管理上处于从属地位。企业规定：从战略目标的确定到计划的制订再到实施控制，都是管理人员的职责，员工干得不好，主要是管理人员指挥得不好；员工的水平，反映了管理人员的素质。

　　1995年7月的某一天，海尔集团的原洗衣机有限总公司公布了一则事故处理决定：某质检员由于责任心不强，造成洗衣机选择开关插头插错和漏检，被罚款50元。根据"80/20原则"，这位员工的上级——原洗衣机有限总公司分管质量的负责人自罚300元，并着手建立健全质保体系。1999年，海尔某公司财务处一位实习员工在下发通知时漏发了一个部门，被审核部门发现。由于该员工系实习生，没有受到任何处罚，但对作为责任领导的财务处处长则根据"80/20原则"罚款50元。海尔集团下属各公司都实施"一把手"负责制，无论出了什么事，集团都拿一把手是问。

　　正是这种奖惩制度的严格执行，确保了海尔集团形成了一种员工之间的良性竞争环境，使得海尔集团能用得好人、留得住人，促进了企业集团多年健康持续的发展。

　　4. 岗位纪律

　　岗位纪律是员工在工作过程中所必须遵守的工作规则，包括国家的法律、法规政策及单位内部的规章制度。违反岗位纪律，企业有权根据实际情况给予员工相应的行政处分直至除名、辞退等处理。岗位纪律一般包括以下内容。

　　(1) 作息制度，即上下班的时间规定和要求，这是企业最基本的纪律。

　　(2) 请销假制度。根据国家的相关规定，对员工的病假、事假、旷工等进行区分，并就请假、销假做出的规定，以及对法定节假日的说明。

　　(3) 保密制度。每个企业都有属于自己的技术、工艺、商业、人事、财务等方面的商业秘密，保守这些企业秘密是企业的一项重要纪律。另外，在一些高新技术企业，还应对企业的知识产权保护作出具体的规定。

　　(4) 工作状态要求。这是对企业员工在工作岗位工作中的规定，除了肯定的提法之外，一般都使用"严禁"、"不准"等否定形式来进行具体要求，如禁止工作时间玩游戏、聊天等。

　　(5) 特殊纪律。这是根据企业自身特殊情况制定的有关纪律，如一些纺织行业要求一线的操作员工上班期间一定要戴工作帽等。

三、员工手册

　　企业员工的行为规范可以根据员工的不同岗位编制成员工手册。员工手册是指导企业员工行为的准则，是员工在企业内部从事各项工作、享受各种待遇的依据，它是企业员工所必须遵守的基本法则。

　　1. 员工手册的功能

　　员工手册可以使刚进入企业的"准员工"能够快速了解企业的历史、文化、运作模式、

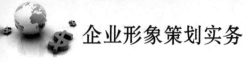

员工管理政策、日常行为规范等，快速成长为企业的"合格员工"。

员工手册还可以规范员工的日常行为，强化行业或企业的特殊要求，提升企业整体的运作效率。实际上，员工手册是使企业文化快速传递给员工的一个有效工具。

2. 员工手册的制定依据

不同的企业对不同岗位的员工有着不同的要求，员工手册的基本内容也不尽一致。企业在制定员工手册时，一般应考虑以下几点依据。

1) 行业、企业的基本特征

行业特征一般提出对行业内企业的基本要求，如食品工业产品的质量指标和卫生指标。行业内部都有行业标准，企业的生产环境和生产条件等就应当按照这个标准设定。行业的一切要求和标准对行业内所属的企业均具有约束力和控制力。企业在制定员工手册时，对员工的行为约束，如着装约束、员工工作秩序约束、员工卫生条件约束等都要相应提出具体的行业要求和措施。

企业特征，它是企业的个性风格，对制定员工手册有重要影响。企业应依据企业自身的理念，对员工提出一些有利于企业发展的基本行为要求和基本行为规范。例如，有些企业对员工提出：员工在任何场合、任何条件下绝不能向企业的客人(包括消费者、经销商等)说"不"。这类要求是在企业经营发展过程中逐渐总结出来的。

2) 企业的管理制度

企业的管理制度包括企业对生产、人事、财务、经营计划、市场、服务的管理制度等。其中，对企业员工手册影响最大的是企业的人事管理制度，因为企业的员工手册是企业员工管理制度的一种延续，是企业对员工管理规则的具体化，是在企业人事管理制度的基础上制定的，其规则必须要全面反映企业的人事管理的基本思想和基本内涵。

3) 企业 CIS 战略目标

企业 CIS 战略目标规定着企业的形象战略，员工形象是企业形象战略的一部分。其中员工形象由员工的各项表现得以形成，包括员工的着装、精神风貌、语言特征、行为规范等。员工手册是企业 CIS 战略目标具体分目标的一种表现，是实现其战略目标的一种具体规划。

3. 员工手册的基本内容

不同的企业、甚至相同企业的不同岗位的员工手册的规则是不同的，但内容结构却具有一定的共性。员工手册的基本内容结构如下所述。

1) 企业形象

体现企业形象的内容包括：领导致辞(比如欢迎您加入××行列)、企业经营理念、企业精神及企业简介。

项目四　企业行为识别系统

2) 员工形象

(1) 总述。总述包括对员工形象提出要求的原因、员工形象的表现会对企业造成什么样的影响、员工形象对外传播的意义等。

(2) 语言素养。从员工的语言方面提出具体的要求，如见面语言、客人来访语言、服务用语、询问用语、电话用语等。

(3) 着装要求。提出员工在工作中着装的具体要求、在社交中的着装要求等。

(4) 日常礼仪规范。规范员工见面与介绍礼仪、来访者接待规则等。

3) 员工管理规程

(1) 总则。总则说明员工管理规程的总体要求。

(2) 对员工的任免。对员工的任免包含对员工任用、解职、辞职、解雇、停薪留职、退休等要求。

(3) 考绩。考绩包含考绩的具体要求与规则、奖惩的具体要求与规则。

(4) 工作时间。工作时间包含上班的时间要求、纪律要求等。

(5) 假期及请假。假期及请假包含假期规定、请假规定。

(6) 薪金供给。薪金供给包含薪金规定、加班补助规定、津贴规定。

(7) 安全卫生。安全卫生包含安全要求、卫生要求。

4) 人事管理规则

(1) 总则。提出人事管理的范围，从业人员的职务，从业人员的总体规则。

(2) 任用。从业人员的任用条件、任用制度、任用规程等。

(3) 服务。提出各项职务的说明及服务范围、服务规则、工作要求等。

(4) 抚恤。提出抚恤的范围及规定。

(5) 保险。提出保险规则及权利。

(6) 出差。提出出差的基本规则。

(7) 福利及建议制度。提出对企业从业人员的福利待遇及相关事项、向企业提供意见与建议采纳后的奖励规定等。

(8) 其他规定。除以上各项以外的其他规定。

5) 员工出勤管理办法

员工出勤管理办法包括员工出勤管理的具体要求。

6) 员工教育培训规程

员工教育培训规程包括员工教育培训方法和员工归还受训费用的办法。

7) 新进员工考选办法及员工建议提案规程

如果是服务性企业，在员工手册中还应建立服务守则，包括服务规程、服务保证、作息时间等。

以上内容并不是一成不变的，这里除了应当依据前面提到的条件设定员工手册，使其内容得以确定其外，企业在自身发展过程中，在适应环境的变化过程中，还应当对员工手册的内容加以调整，一方面使其更具体可行；另一方面，使其更有利于调动员工的积极性，有利于企业的运作和整体形象塑造。

任务三　企业外部行为识别系统

任务导入

阿里巴巴集团主要经营多元化的互联网业务，包括电子商务、网上支付、B2B 网上交易市场及云计算等业务，致力于为全球消费者创造便捷的交易渠道。旗下的淘宝网、天猫、聚划算和支付宝等品牌被广大消费者所认可。阿里巴巴集团企业形象策划确定的 VIS(Visual Identity System, 视觉识别系统)的标准色是橙色。其标准色在阿里集团的外部行为识别系统中得到了很好的贯彻和执行。例如，阿里集团旗下的淘宝网 2014 年的广告宣传(如图 4-5 所示)，广告将明星李敏镐利用手机淘宝吃、喝、玩、乐，随时随地想淘就淘等生活场景置于集团标准色——橙色的基调上进行整体设计，既展现了手机淘宝的便利性，又延续加强并突出阿里集团橙色的整体集团形象。

图 4-5　阿里集团淘宝网广告宣传画面

企业的外部行为识别系统也要符合企业的统一形象策划，不能随意设计。那么，企业外部行为识别系统包括哪些内容？

企业外部行为识别系统主要包括：广告、营销策划、公关、社会公益等活动。上述各种活动也应在企业理念的指导下进行统一规范，并与企业理念与 VIS 相结合，以表现出企业特色，塑造企业统一形象。

一、广告、营销策划活动

1. 广告活动

随着现代市场经济的发展，任何一个企业都会利用广告宣传自己的产品和企业的形象。广告是企业对外传播的一个窗口。良好的广告宣传不仅会起到推销产品、扩大市场的作用，

项目四　企业行为识别系统

还会传递必要的企业信息，塑造良好的企业形象，让更多的社会公众认识企业的内涵。

广告是短期的、阶段性的、有强烈针对性的，而 CIS 是长远的、稳定的。CIS 代表的是企业整体形象的统一性，广告活动代表的是企业形象的可变性。无论是哪种形式的广告，都要做到符合企业一贯的理念。每一次的广告不仅要对产品作出说明，同时也是对企业的整体形象添砖加瓦。广告活动的各个方面要服从统一的企业形象，从市场调查开始，到广告环境分析、广告主题分析、广告目标分析、广告创意、广告制作、广告媒体选择、广告发布、直到广告效果测定等各个阶段，都要有正确的企业理念来统领整个策划过程。企业的广告行为不是独立存在的，它是在企业整个 CIS 的指导下进行的，从企业的广告原则、广告媒介组合战略，到广告的设计、主题、形象和表现语言等内容，如与 CIS 达到高度的统一，会极大地提高广告效率，提高企业或商品的知名度，树立良好的企业形象。例如，阿里巴巴集团的 2014 年的手机淘宝广告活动，整个广告 45 秒，广告延续了公司的 CIS 风格，取得了较好的宣传效果，使企业的整体识别性进一步得到提高。

2. 营销策划活动

营销策划是企业在不断分析消费者心理和行为特征的基础上，进行市场细分，通过设计产品、给产品定价、确定分销方法和促销渠道等一系列手段来满足消费者的需求和欲望的活动。营销策划活动是为企业的市场营销活动方案进行全面的设计，包括营销环境分析和营销策略设计，二者相辅相成、缺一不可。营销环境分析，只有在对营销环境进行准确而深入的分析后，企业才有可能了解其营销现状的机遇和挑战，才能决定采取何种营销策略来实现其营销目标；营销策略设计是在环境分析的基础上进行的，包括商品(或服务)从创意、制造、分销到售后服务的各个环节，涉及营销活动的产品策略、定价策略、分销策略和促销策略等多个方面。

企业的营销策划活动的选择与广告活动一样，是在企业 CIS 的大背景下进行的，最基础的一点是要符合企业的整体形象风格，在企业理念的统领下进行活动。

二、公关活动

企业处在社会大环境之中，每时每刻都要和方方面面发生关系，如何与社会公众增进相互了解，减少摩擦，争取最大"互利"，是摆在每个企业面前的重要问题。"公共关系"一词是舶来品，其英文为 public relations，缩写为 PR，简称公关。公共关系是一个企业为了生存发展，通过传播活动，塑造企业形象，影响公众的一门科学与艺术。公关活动与广告不同，广告是自己说自己好，而公关活动是让别人说你好。

企业的公关活动为企业对外进行信息传递，以沟通与协调各种关系；为企业在社会上树立良好的信誉与形象，赢得社会公众的认可、信赖与接纳而服务。为此，企业应通过公关活动协调好与消费者、供应商、经销商、上级政府、社区社团、金融机构、新闻媒介等

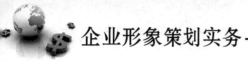

各方面的关系,让社会公众更多地了解与理解企业,形成良好的企业形象。

1. 公关活动的特征

公关是社会关系的一种表现形态,科学形态的公关活动与其他任何关系都不同,有其独特的性质与特征。

1) 情感性

公关活动是一种创造美好形象的艺术,它强调的是成功的人和环境、和谐的人事气氛、最佳的社会舆论,以赢得社会各界的了解、信任、好感与合作。我国古人办事讲究"天时、地利、人和",把"人和"作为事业成功的重要条件。公关活动就是要追求"人和"的境界,为企业的生存、发展创造最佳的软环境。

2) 双向性

公关活动是以真实为基础的双向沟通,而不是单向的公众传达或对公众舆论进行调查、监控,它是企业与社会公众之间的双向信息交流。企业一方面要吸取社会公众的人情、民意以调整决策,改善自身;另一方面又要对外传播,使社会公众认识和了解自己,达成有效的双向沟通,塑造良好的企业形象。

3) 广泛性

公关活动的广泛性包含两层意思:一层意思是公关活动存在于主体的任何行为和过程中,即公关无处不在,无时不在,贯穿于企业的整个生存和发展过程中;另一层意思指的是其公众的广泛性。因为公关活动的对象可以是任何个人、群体和组织,既可以是已经与企业发生关系的社会公众,也可以是将要或有可能发生关系的任何暂时无关的公众。

4) 整体性

公关活动的宗旨是使社会公众全面地了解企业,从而建立起企业的声誉和知名度。它侧重于一个企业在社会中的竞争地位和整体形象,以使人们对企业产生整体性的认识。它并不是要单纯地传递信息,宣传企业的地位和社会威望,而是要使社会公众对企业的各方面都有所了解。

5) 长期性

企业不能把公关人员当作"救火队",而应把他们当作"常备军"。公关的管理职能应该是经常性与计划性的,公关活动不是水龙头,想开就开,想关就关,它是一种长期性的工作。

2. 公关活动的模式

案例 4-4:长城饭店的公关活动

北京长城饭店是中外合资企业,非常善于开展公关活动。1984 年 7 月,长城饭店开展了一次成功的开放参观活动:就是以饭店总经理和副经理名义,邀请全店 1600 位员工的家属、政府有关部门人员、附近"左邻右舍"到饭店作客参观。这次接待参观,从请柬的设计、印发，到食品饮料的准备；从参观区域的选择到参观路线的确定；从导游的培训到接待的礼仪，每个环节都计划得具体周密。饭店各部门通力合作，整个活动十分顺利。这次参观活动持续了三天半，共接待4029人。

本次参观活动引起了强烈的反响。不少员工的亲属认为，饭店能接待美国总统，又能接待员工亲属，说明饭店管理者对员工是很关心、很重视的。这次参观活动，不仅使员工亲属了解了饭店工作的性质，也了解了员工的工作规律，并取得了他们对饭店工作的理解和支持。一些政府部门的官员、邻近单位的负责人参观后，也加强了对饭店的了解，奠定了今后沟通、协作的基础。可以说，这是一次成功的公关活动。

公关活动对于改善企业形象有着极为重要的意义。它能使企业集中地、有重点地树立和完善自身的形象，扩大自己的社会影响。公关活动一般包括以下几种。

1) 宣传型公关活动

宣传型公关活动是运用大众传播媒介和内部沟通方法，开展宣传工作，树立良好企业形象的公关活动模式，具有主导性强、时效性强、传播面广、推广企业形象效果好等特点，包括内部宣传和外部宣传。

内部宣传主要是让企业内部员工及时、准确地了解与企业有关的各方面的信息，以鼓舞士气，取得内部员工的理解和支持。常用的手段有：企业内部网站、报纸、员工手册、宣传栏、讨论会等。

外部宣传主要针对企业的外部公众，目的是让他们迅速获得对本组织有利的信息，形成良好的舆论。外部宣传的方式有两种：花钱用广告做宣传和"制造新闻"。下面重点介绍"制造新闻"。

(1) "制造新闻"也称"策划新闻"，指经过事先策划，由人为引发的可以引起戏剧性或是轰动效应的事件，由此引起媒介、舆论的关注与报道，迅速提高企业知名度和美誉度。

案例 4-5：鸽子袭击大厦

20世纪六七十年代，在美国的一所城市里，美国联合炭化物公司的新大楼即将落成，工人正在进行内装修。这时，从外面飞来一群野鸽子，在新房子里落脚，把房间弄得一塌糊涂。通常的做法，肯定是自认倒霉，赶走了之，但该公司的负责人知道事情后，采用了另一种方式来解决：公司的窗外就是一个大型的市民广场，广场上盘旋的鸽子群触发了经理的灵感。他立刻命令员工们买来大量的鸽食，从窗口向外抛洒。鸽子们见食物从天而降，纷纷飞来抢食。几天之后，鸽子们已经熟悉了这里的食物，每天一到固定的时刻就会飞来。到了公司开业的那天，经理吩咐关紧所有门窗，往常喂食的时间一到，鸽子便又飞来了，见不到食物，鸽子开始向窗口飞来。

"有鸽群袭击一座大厦！"广场上的市民发现了这一奇观，人们纷纷围观，并奔走相告。于是有人向市内各个报社、电视台打电话通报情况，大量记者火速赶来，电视台进行了现

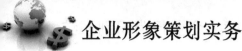

场直播。这家公司开业时发生新鲜怪事的新闻迅速传遍了整个城市,一连几天,市民们都对此谈论不休。这家公司的大名不胫而走,公司的知名度迅速提升,起到了很好的宣传效果。通过精心策划、制造新闻,公司把一件烦心事变成了好事。

(2) "制造新闻"的特点是新、奇、特。只有这样才能符合新闻报道的规律,引起大众媒体的注意并给予报道。但应注意必须符合新闻规律,要真实可靠,不允许编造事实、欺骗舆论。

案例4-6:港湾公寓由"滞销"变成"畅销"

芝加哥是美国中部一个美丽的城市,市里有一家房地产公司选中湖中一个景色秀丽的小岛屿,在小岛屿上建造了几座豪华的公寓,命名为"港湾公寓"。这个小岛屿四面环水,与外界隔绝,宛如一处"世外桃源"。但是,这些质量上乘、设施良好、四周景色迷人、价格适中的公寓建成后的头3年,却只售出35%。在这种情况下,房地产公司请来了一家公关公司协助打开局面。这家公关公司在开展一系列卓有成效的公关活动后,为了巩固这些成果并进一步提高新闻效果,于是利用美国国旗制定200周年纪念日,制造了一个令人瞩目的新闻。

在美国国旗制定200周年纪念日那天,他们在"港湾公寓"楼前空地上建了一个升旗台,树起一支旗杆,并邀请了附近一所海军军校的学员作升旗仪仗队,还请了一支乐队演奏助兴。在音乐声中,他们开始了令人瞩目的升旗活动:在芝加哥市长代表的主持下,海军学员们庄严地升起了美国国旗,并在空地上用三角小旗变换拼出"港湾公寓"四个醒目的大字,为摄影记者提供了拍摄的好镜头。终于在当晚的电视新闻中,港湾公寓升旗仪式的实况被报道出来,港湾公寓的名声大振,公寓也由"滞销货"变成了"抢手货"。

案例4-7:碧浪洗衣粉的世界第一

碧浪洗衣粉刚进入中国的时候,做了一次公关活动,具体活动内容为:做了一件世界上最大的衬衣,长40.6米、宽30.8米,该公司将这件大衬衣悬挂在王府井大街的一栋大楼上半个月。悬挂期间,衬衣经历风吹雨淋和空气污染的侵蚀。在大衬衣的揭幕仪式上,其"污"不堪言,之后宝洁公司用碧浪洗衣粉成功将这件世界上最大的衬衣洗干净。这一事件成功地引起社会公众与新闻媒体的关注,并以新闻的方式进行了报道。

以上两个"制造新闻"的案例都符合"新、奇、特"的特点,并符合新闻规律、真实可靠,取得了良好的企业宣传效果。

(3) "制造新闻"的内容主要包括大型活动与项目发布。"制造新闻"的核心:卖什么不吆喝什么,似商非商总是商。同时注意选择新闻的"由头",要"师出有名",符合公众的利益、符合企业的总体目标和自身利益,不牵强附会,并具有新闻价值。

项目四　企业行为识别系统

案例 4-8：世界杯"章鱼哥"事件

德国奥博豪森水族馆的一只章鱼，因成功预测世界杯 8 场比赛结果，出现在了南非世界杯的官网首页，成了《时代周刊》的封面人物，迅速蹿红世界。它就是"章鱼哥"保罗，如图 4-6 所示。

章鱼保罗，生于英国，在德国长大，它从 2008 年欧洲杯开始竞猜比赛结果，命中率八成。在 2010 年南非世界杯期间，保罗的竞猜准确无误，成功预测了德国战胜澳大利亚、负塞尔维亚、击败加纳、胜英格兰和阿根廷、负西班牙、胜乌拉圭的 7 场比赛结果，并在最后的决赛中准确预测西班牙将夺冠。"章鱼哥"保罗彻底成就了一段神话——在 2010 年南非世界杯期间，它 8 次预测，8 次应验，命中率高达 100%。一时间令全世界球迷为之拜服。

"章鱼哥"的走红，是一次成功利用世界杯热点"制造新闻"的案例。最大的赢家是其拥有者：德国奥博豪森水族馆。

图 4-6　"章鱼哥"保罗

其实，操控章鱼的方法主要是利用"诱食剂"，既然章鱼以虾、蟹等为食，只要在一个鱼缸中做一些手脚，就可以轻而易举地打造出"预言帝章鱼哥"。

"预言帝章鱼哥"成功三要素：

(1) 借力发力。章鱼保罗的这次事件发生背景是四年一度的世界杯，在如此重要的平台上哪怕发出一点声音也会被迅速放大。

(2) 借助网络传播。章鱼保罗预言的传播首先来源于网络，尤其是社交网站。在 Facebook、开心网、人人网甚至微博上迅速传播，网友球迷关于保罗的讨论投票交织在一起产生了巨大的影响力。后期包括央视在内的主流媒体加入，更将这场讨论推向高潮。

(3) 挑动猎奇。回归到章鱼保罗预言事件的本体，从中不难看出该事件成功的根源来自于人类与生俱来的好奇心。

(4) "制造新闻"选择时机主要有：重大节日、重大纪念日和其他规律的假日和时机。

注意事项：①要使某一机会的内在含义同专项公关活动直接或间接地联系起来，避免不伦不类；②要使内容具有新闻价值或有公益性；③形式上不落俗套，富于创新；④利用这类机会要及时准备，人人皆知的机遇要及早准备才有可能别出心裁。

2) 交际型公关活动

交际型公关活动模式是在人际交往中开展公关工作，目的是通过人与人的直接接触，进行感情上的联络，为企业广结良缘，建立广泛的社会关系网络，形成有利于企业发展的人际环境。

对交际型公关活动来说，良好的人际沟通是重要途径；富于魅力的个人形象有利于塑造企业良好的整体形象；人际交往中，礼仪礼节是搞好关系的基础。

交际型公关活动主要是开展团队交际和个人交往。团队交际包括各式各样的招待会、座谈会、工作午餐会、宴会、茶话会、慰问等，个人交往有交谈、拜访、祝贺和个人署名的信件往来等。

3) 社会型公关活动

社会型公关活动是企业利用举办各种社会性、公益性活动的机会来开展公关工作的模式，目的是通过企业积极参加社会活动，扩大企业的社会影响，提高社会声誉，赢得社会公众的支持，为企业树立良好的形象。

社会型公关活动模式的形式有三种：

(1) 以企业自身的重要活动为中心开展的公关活动。例如，利用公司的开业庆典、周年纪念的机会，邀请各界宾客，借此与相关社会公众建立友好的关系。

(2) 以赞助社会福利事业为中心开展公关活动。例如，赞助教育、体育、社会福利事业等，以提高企业的美誉度，以此在社会公众心目中树立企业的社会公民、社会责任的良好形象。

(3) 参与大众传媒举办的各种节目开展公关活动。例如，冠以企业名称或产品名称的"××杯"竞赛、歌曲评选及电视台其他具有高知名度节目等活动，通过节目的收视率，提高企业知名度、传播企业形象。又如，很多企业(如猪八戒网、光线传媒……)的领导通过参加中央教育台的《职来职往》节目做职场达人，以提高企业知名度。

> **案例4-9："今夜酒店特价"的知名度迅速提高**
>
> "今夜酒店特价"是一个典型的移动互联网的应用 App，它是 O2O(Online To Offline, 指将线下的商务机会与线上互联网结合)应用 App。软件的两头分别联系着酒店和普通的旅客，酒店把当天晚上 6 点钟还卖不掉的剩房便宜卖给"今夜特价酒店"，"今夜酒店特价"平台再以正常预订价格 4～7 折的实惠价格卖给消费者。酒店盘活了本来会浪费掉的库存，消费者得到了高性价比的房间，"今夜特价酒店"则从中赚取差价或佣金，最终实现三方共赢。
>
> "今夜酒店特价企业"的 COO(首席运营官)任鑫 2013 年参与过三档节目：湖南卫视的真人秀类节目《我的中国梦》、李咏主持的创业励志类节目《爱拼才会赢》和央视的《经济半小时》。其中，央视的《经济半小时》节目播出后，企业知名度迅速提升。《经济半小时》

项目四　企业行为识别系统

是央视的老牌新闻报道类节目,"今夜酒店特价"在节目中出现了十多分钟。节目播出后,10 分钟内为"今夜酒店特价"带来三五万用户,迅速提高"今夜酒店特价"的知名度。

企业通过参与电视节目这种公关活动模式来提升企业形象,应注意：①寻找和自己的产品用户群体相匹配的电视节目；②用新颖的形式在收视率较高的节目中曝光,会有惊艳的效果；③故事要足够简单、好看,观众要看得懂；④一定要视觉化。

社会型公关活动模式从短期看,企业付出费用较多,不会带来直接的经济利益,但它注重的是长远效益；长期来看,它为企业树立了较好的社会形象,使社会公众对企业产生好感,为企业创造出一个良好的发展环境。它的特点：公益性强、文化性强、影响力大。

4) 征询型公关活动

征询型公关活动模式是以运作信息为主的活动模式,目的是通过采集信息、舆论调查与民意测验等活动,了解社会舆论,为企业的经营管理决策提供参考,扩大企业影响。征询型公关活动模式主要采用民意测验、电话征询、展销征询等方式,征询活动要日常化、制度化,要有预见性。在征询型活动中应注意信息的潜在价值,可利用征询活动策划新闻。

5) 维系型公关活动

维系型公关活动模式是企业在稳定发展时,用以巩固良好公共关系的模式,分为硬维系和软维系。它的主要目的是通过不断的宣传和工作,维持企业在社会公众心目中的良好形象。

硬维系指企业的维系目的明确,主客双方都能理解企业目的的维系活动。这种模式适用于已经与企业建立了业务往来的企业或个人,如推行折扣卡等,其特点是靠优惠措施和感情联络来维系与社会公众的关系。

软维系是指企业的维系目的虽然明确,但表现形式却比较超脱的公关活动。其目的是让社会公众不会忘记企业,主要以低姿态宣传为主,如定期向社会提供企业的新闻画片,散发印有企业名称的交通浏览图等,保持企业一定的媒体曝光率,使社会公众在不知不觉中加深对企业的印象。

6) 矫正型公关活动

矫正型公关活动模式是企业遇到风险、企业形象严重受损时所采用的公关模式。其特点是"及时",即及时发现问题、及时纠正错误和及时改善不良形象；其方法是以实际行动矫正形象、借助权威矫正形象。

3. 公关专题活动的类型

公关专题活动是指企业为了某一明确目的,围绕某一特定主题而精心策划的公共关系活动。它的基本特征是：①有明确的主题；②经过精心策划才能实现；③通常与某一种类型的社会公众进行重点沟通；④是针对某一个明确的问题而开展的,具有极强的针对性。公关专题活动常以专项活动的姿态出现,比如赞助、庆典、展览会、开放参观和举办会议等。它对于改善企业的形象有着极为重要的意义。它能使企业集中地、有重点地树立和完

143

善自身的形象，扩大企业的社会影响。

1）庆典活动

企业通过庆典活动会给公众留下良好的"第一印象"，树立良好形象。成功的庆典活动具有较高的新闻价值，能提高企业的知名度和美誉度。成功的庆典活动可引起三大效应：①引力效应，指通过组织庆典活动吸引公众的注意力；②实力效应，指通过举办大型庆典，显示企业强大的实力，以增加公众对企业的信任感；③合力效应，开展大型庆典活动，能增强企业内部职工、股东的向心力和凝聚力，提高社会公众对企业的信任感。

（1）庆典活动的类型，主要有节庆活动、纪念活动、典礼仪式三种。

① 节庆是利用盛大节日或共同的喜事而举行的表示快乐或纪念的庆祝活动。节日有官方节日和民间传统节日之分。常见的官方节日有元旦、妇女节、消费者权益保护日、国际劳动节、儿童节、国庆节、圣诞节等；民间传统节日有春节、元宵节、清明节、端午节、中秋节等，除此之外，也有些地方根据自身文化传统、风俗习惯、土特产等，举办一些具有地方特色的节庆活动，如北京地坛庙会、湖南的龙舟节、山东潍坊风筝节、德国的啤酒节等。

节庆日是企业开展公关活动的绝好时机。例如，每年6月1日前后，大小商店都会在小孩商品上绞尽脑汁；中秋节前，则会爆发一轮又一轮的月饼大战；五一和十一长假前夕，旅游胜地和饭店就会大张旗鼓地宣传和推介其优质的特色服务。

案例4-10：别开生面的庆典活动

在美国某连锁店的公司总部办公楼前，鲜艳的彩旗在微风中轻柔地飘拂，争奇斗妍的鲜花传递着温馨的情意，络绎不绝的人群纷纷涌向这里，里里外外挤得水泄不通，记者的镁光灯不停地闪烁，一场别开生面的庆典活动在一种情趣盎然的氛围中拉开了序幕。那一天，是该公司开业三十周年的纪念日。

为了使这次纪念日的庆典活动在公众心目中产生轰动效应，培养员工对本公司的认同感、归属感，进一步增强员工的凝聚力和向心力，公司总裁和有关人员经过精心谋划，确定这次庆典活动以"内求团结、外求发展、提高知名度、管理上台阶"为基本宗旨。

这场庆典活动奇就奇在亮相的第一个节目：公司总裁将为一位在公司连锁店门口擦了二十五年皮鞋的老黑人举办一次活动。在有色人种遭歧视、受凌辱的美国，这无疑是一个颇具影响的事件，引起了新闻界和广大公众的好奇心，尤其是黑人们更是普遍予以关注。

华丽的大厅响起了一阵阵美妙的鼓乐声，总裁恭恭敬敬地端起酒杯说："女士们、先生们，承蒙诸位莅临本公司开业三十周年庆典活动，敝公司不胜荣幸。请允许我代表本公司的全体员工及我们的'上帝'，向这位在商店门口擦了二十五年皮鞋的老人表达我们最诚挚的敬意和衷心的感谢，愿老人家健康长寿。然而，今天仅仅为老人举杯祝福仍难以溢表我们的心愿。"说着，总裁在众目睽睽之下蹲下身子，请老人坐下，亲自为他擦亮脚下的皮鞋。这突如其来的举动顿时令这位含辛茹苦、饱经风霜的老人老泪纵横，来宾们群情沸腾，欢声四起。翌日，美国的各种大众传播媒介多角度、多层次地将这一庆典活动辐射到全国各地，轰动了整个美国。

这次别开生面的庆典活动成功地提升了连锁店总公司的企业形象。

② 纪念活动是利用社会上或本行业、本企业的具有纪念意义的日期而开展的公关活动。可供企业举办纪念活动的日期和时间有很多，如历史上的重要事件发生纪念日、本行业重大事件纪念日、社会名流和著名人士的诞辰或逝世纪念日；而本企业的周年纪念日、逢五逢十的纪念日及重大成就的纪念日，更是举办纪念活动的极好时机。通过举办这样的活动，可以传播企业的经营理念、经营哲学和价值观念，使社会公众了解、熟悉进而支持本企业。因此，举办纪念活动实际上又是在做一次极好的公关广告。

③ 典礼仪式包括各种典礼和仪式活动，如开幕典礼、开业典礼、项目竣工典礼、颁奖典礼、就职仪式、授勋仪式、签字仪式、捐赠仪式等。在实际工作中，典礼仪式的形式多样，并无统一模式。有的仪式非常简单，如某个企业办公楼的开工典礼，放一挂鞭炮，企业老总喊一声"开工"，仪式便宣告结束；有的仪式非常隆重、庄严，如英国女王登基、国外皇室婚礼及葬礼等，甚至还有一套严格的程序和繁文缛节。

庆祝也好，典礼也好，都应有充分的准备，因天时、地利、人和等条件而开展。现代企业可利用庆祝的机会愈来愈多，企业的决策者们应适时地选择一些对企业和社会都有利的重要事件或重大节日来开展活动。

(2) 庆典活动的注意事项。企业的庆典活动代表企业的形象，它体现着一个企业和其领导者的企业能力、社交水平和文化素质，往往会成为社会公众取舍、亲疏的标准。因而，企业在进行这类活动过程中，一定要注意以下问题。

① 要有计划。庆典活动应纳入企业的整体规划，应使其符合企业整体效益提高的目的。企业者应对活动进行通盘考虑，切忌想起一事办一事，遇到一节庆一节。

② 要选择好时机。调查研究是企业开展公共关系活动的基础，庆典活动也应在调查的基础上，抓住企业时机和市场时机，应尽可能使活动与企业、市场相吻合。

③ 科学性与艺术性相结合。庆典活动是科学地推销产品和企业形象的过程，要赋予其艺术性，使其更具有魅力，这样会有更好的宣传效果，使企业形象更佳。

④ 要制造新闻。庆典活动应能够为公众的代表——新闻媒介所接受，它的反应是衡量活动成功与否的标尺，也是企业形象能否树立的重要环节。所以，庆典活动应尽量邀请新闻记者参加，并努力使活动本身具有新闻价值。

⑤ 要注意总结。企业的庆典活动应讲求整体性和连续性，应与其他公关活动协调一致。

庆典活动，尤其是大型的庆典活动，具体而复杂，企业一定要精心策划，周密实施，应认真做好以下的工作。

① 精心选择对象，发出邀请，确定来宾。庆典活动应邀请与企业有关的政府领导、

行政上级、知名人士、社区公众代表、同行企业代表、企业内部员工和新闻记者等前来参加。

② 合理安排庆典活动的程序。

③ 安排接待工作，庆典活动开始前，应做好一切接待准备工作。

④ 物质准备和后勤、保安等工作。庆典活动的现场，需要有音响设备、音像设备、文具、电源等；需要剪彩的，要有彩绸带。鞭炮、锣鼓等在特殊场合，也要有所准备；宣传品、条幅和赠予来宾的礼品，也应事前准备好。赠送的礼品要与活动有关或带有企业标志。

总之，要做到认真、充分准备，热情有礼，热烈有序，就会使庆典活动取得成功。

案例 4-11：IBM 公司的"金环庆典"活动

美国 IBM 公司每年都要举行一次规模隆重的庆功会，对那些在一年中做出过突出贡献的销售人员进行表彰。这些活动常常是在风光绮旎的地方(如百慕大或马霍卡岛等地)进行，对公司 3%的做出突出贡献的员工进行表彰，被称作"金环庆典"。

在庆典中，IBM 公司的最高层管理人员始终在场，并主持盛大、庄重的颁奖酒宴，放映由公司自己制作的表现做出了突出贡献的销售人员的工作情况、家庭生活，乃至业余爱好的影片。在被邀请参加庆典的人中，不仅有股东代表、工人代表、社会名流，还有做出突出贡献的销售人员的家属和亲友。整个庆典活动，自始至终都被录制成电视(或电影)片，然后被拿到 IBM 公司的每一个单位去放映。在这种庆典活动中，公司的主管同那些常年忙碌、难得一见的销售人员聚集在一起，彼此毫无拘束地谈天说地，在交流中，无形地加深了心灵的沟通，尤其是公司主管表示关心的语言，常常能使那些在第一线工作的销售人员"受宠若惊"。正是在这个过程中，销售人员更增强了对企业的"亲密感"和责任感。

每年一度的"金环庆典"增强了 IBM 企业内部的凝聚力与向心力，显现了企业文化的氛围。通过"庆典"活动，让对企业有功的员工亲身感受到企业高层主管对他们工作、学习、家庭及个人发展的关心，感受到 IBM 公司大家庭的温暖，使企业员工的积极性更高，使企业形象更好。在这样的庆典活动中，接受表扬者会产生一种继续奋发向上，为企业多做贡献的决心。同时也会鼓励其他更多的员工努力工作。在这种企业氛围中，员工们会处处为企业着想，以企业为荣，会自觉地为企业树立良好的形象，在工作中表现出良好形象。

联络感情、增进友情，除了可以举办像 IBM 公司这样的庆典活动之外，还可以采用诸如企业全体职工开展文体活动，利用各种有意义的事件(如厂庆日，新产品投产和新设施的剪彩等)和有意义的节日(如新年、元旦、国庆节、五一节以及职工的生日等)举办各种形式的工作聚餐会、周末文化沙龙、知识竞赛以及其他联谊活动。

2) 开放企业

开放企业是企业通过直接的人际接触，来传递企业信息，谋求社会公众的好感与信任的最有效手段之一。企业利用开放企业的机会接待来访者，既可直接向来访者展开宣传攻势，证实企业存在的价值，也可最直接地了解社会公众的看法。此种活动可以更好地得到公众的理解、信任与好感，做到双向沟通，提高企业的美誉度。

开放企业可以让公众目睹企业的整洁环境、先进的工艺、现代化的厂房设备、科学的管理制度、高素质的人员以及给社区和社会所做的贡献，还可以通过厂史、校史等资料向公众立体性、全面地展示企业的过去、现在和未来前景。

开放企业活动的类型可分为：专题性的对外开放和"开放日"的对外开放。伊利属于前者，而云南白药集团则属于后者。

案例 4-12：伊利集团开放企业活动

2013 年，伊利集团面向全国消费者展开"伊利工厂，开放之旅"的开放企业活动，如图 4-7 所示。伊利在全国范围内开放工厂，邀请消费者走进伊利，亲历伊利产品的生产过程、伊利产品的品质把控。消费者通过伊利官网进行报名，对预约成功的消费者，享受伊利专车接送服务。伊利专车定期由各地工厂所在城市或邻近城市出发，实行定点接送。参观全程约需半天时间，参观过程由专业人员讲解。图 4-8 是伊利集团的三场开放工厂的活动。

图 4-7 "伊利工厂，开放之旅"的开放企业活动

图 4-8 伊利集团的三场开放工厂的活动

案例4-13：云南白药集团的"开放日"开放企业活动

2011年12月，云南白药产业基地落成，实现包括制造、物流、行政系统的整体搬迁，占地1000余亩，是中国最先进的综合医药产业园区之一，实现了与国际水平的全面接轨。2013年3月，"走进云南白药"活动全面启动，云南白药集团诚邀社会各界人士走进云南白药，亲身感受云南白药的传奇历史，亲眼见证云南白药对产品质量的严格把控，领略现代化的物流配送，体验全新的产品。

"走进云南白药"活动定于每月最后一个完整周的周四、周五，如遇法定节假日则顺延至下一周周四、周五。活动全程参观时间约为2小时，预定参观时间为14:00整，如图4-9所示。

图4-9　云南白药集团开放企业活动

开放企业不仅能提高企业知名度、美誉度以及争取社会各界的理解与合作，而且能激发本企业员工的自豪感与凝聚力。为使开放企业取得成功，在筹划过程应注意以下几点。

（1）明确目的。任何企业的开放活动都必须确定一个明确的目的，作为企业制定宣传形式、宣传内容和确定开放时间、开放范围等活动的依据。

（2）确定路线。要规定合理的参观路线与地点，开放区域应以保证能够全面、清楚地了解参观内容并不影响企业的正常工作为准则，处理好公开与保密的关系。同时，开放区域的人员、设施、装饰等应处处体现企业形象意识，以给公众留下坦诚可信的良好印象。

（3）选择时间。专题性企业"开放日"，应与企业的某些特殊日期联系在一起，如周年纪念、开业庆典、逢年过节等；而经常性的开放参观日一般选择在工作日，如果选择节假日则要注意相应服务的到位，以免参观者乘兴而来、败兴而回。此外，选择时间还要注意气候的变化。

（4）制作资料。制作资料包括展品、展牌、展室的设置，标语、图片、图表的制作，解说词的编写，有关印刷品、纪念品的设计与制作等，不仅要精益求精，而且要能够充分体现企业的风格与特色。

（5）掌握人数。无论是经常性的参观还是"开放日"活动，都应力求掌握参观者的大致数量，以便做好具体的安排。可以通过事先联系、主动邀请等方式掌握参观人数，重要来宾更应逐个落实。

（6）做好接待。要准备好开放企业所需的宣传品和公关礼品，还要准备足够的训练有素的接待人员、完善的接待设施，为来宾提供交通、饮食、休息、娱乐、咨询等方面的便利或服务。

总之，企业组织者一定要对参观的全过程进行周密的安排与考虑，特别是细节问题更要解决得当，要注意各位来宾的特点，不要因小事而影响整个参观活动的效果。

3）展览会

展览会通过实物、模型和图表来进行宣传，不仅可以起到教育公众、传播信息、扩大影响的作用，还可以起到使企业找到自我、宣传自我、增进效益的作用。

展览会以极强的直观性和真实感，给观者以极强的心理刺激，不仅会加深参观者的印象，而且会提高企业和产品在参观者心目中的可信度。同时，展览会还可以吸引众多的新闻媒介的关注，由记者将展览会的盛况传向社会，取得更大的宣传效果。所以说展览会是一种集多种传播媒介于一身的宣传形式。

展览会的形式很多，从不同的角度，可以划分不同的类型。从展览会的性质分，有贸易展览会和宣传展览会；从举办的地点来分，有室内展览会和露天展览会；从展览的项目来分，有综合性展览会和专项展览会；从展览的规模来分，有大型展览会和小型展览会。

展览会为企业开展公关活动提供了一个良好的机会，企业应该充分利用这个机会展示自己的产品，传递企业信息，加强与社会公众的直接沟通。为使展览会办得卓有成效，企业应做好以下工作。

（1）分析参展的必要性和可行性。在举办展览会之前，首先要分析其必要性和可行性。展览会需要投入较多的人力、物力和财力，如果不进行科学的分析论证，就有可能造成两个不良后果：一是费用开支过大而得不偿失；二是因盲目举办而起不到应有的作用。

（2）明确主题。每次展览会都应有一个明确的主题，并将主题用各种形式反映出来，如主题性口号、主题歌曲、徽标、纪念品等。必须弄清楚是要宣传产品的质量、品种，还是要宣传企业形象；是要提高企业的知名度，还是要消除公众的误解。

（3）构思参展结构。企业经营的产品，其组合的深度、广度、密度各不相同，项目和品牌差别也很大。哪些产品参展，其参展产品的深度、广度、密度如何确定，参展产品项目和品牌怎样搭配，都需要认真构思。

（4）选择地点和时机。地点的选择要考虑三个因素：交通是否便利？周围环境是否有利？辅助系统，如灯光系统、音响系统、安全系统、卫生系统等是否健全？展览会应选在交通方便、环境适宜、设施齐全的地方。

(5) 准备资料、制定预算。举办展览会要花费一定的资金，如场地和设备租金、运输费、设计布置费、材料费、传播媒介费、劳务费、宣传资料制作费、通信费等。在做这些经费预算时，一般应留出5%～10%作准备金，以作调剂之用。

(6) 培训工作人员。展览会工作人员素质的好坏，掌握展览的技能是否达到标准，对整个展览效果起着关键作用。因此，必须对展览会的工作人员，如讲解员、接待员、服务员、业务洽谈人员等进行培训，培训内容包括公关技能、展览专业知识和专门技能、营销技能、社交礼仪等。

4) 举办会议

筹划和召开各种会议，利用会议形式来传递信息、沟通意见、协调关系，也是公共关系常用的一种传播方式。会议的形式有例行工作会议、专题性会议、布置工作和总结性会议，还有各种座谈会。

(1) 举办一次成功会议要具备的基本条件是：确定参加会议的对象、确定会议的主题、确定会议的目标、确定会议时间和确定会议地点。

(2) 成功地举办会议应具备的要素是：①与会者必须具有会议的共同目标；②与会议规模相适应的经济、物质条件；③制定订善、周密的会议计划。

(3) 会议的准备工作应考虑：①会址的选定，即要考虑到参加会议者到会是否方便；②议程的拟订；③会议通知的派发，一般的会议通知最好是在开会前一个星期寄到与会者手中；④会场的布置，应考虑会议的性质及与会人数的多少；⑤会议的视听器材；⑥其他事项，如住宿、就餐等。

案例4-14：联想收购摩托罗拉移动媒体沟通会

2014年1月30日上午九点联想举行媒体沟通会(如图4-10所示)，宣布联想集团与谷歌达成一项重大协议，将收购摩托罗拉移动智能手机业务。这是继联想收购IBM的X86服务器业务之后，在2014年的第二个重磅消息。该项收购的总价约为29亿美元。

图4-10 联想收购摩托罗拉移动媒体沟通会

项目四　企业行为识别系统

联想集团移动部门掌门人刘军在回答记者提问时表示，保留摩托罗拉的品牌、将把 lenovo 放进去，交易 CLOSE 的时候联想会大规模进军美国市场。

联想集团总裁杨元庆表示，随着 IBM 和摩托罗拉移动的收购，联想不仅是全球 PC 的老大，此次收购后公司在智能手机产业的地位也将加强。联想看中摩托罗拉的优势有：强大的品牌、优秀的产品、和零售商的良好关系、在北美拉丁市场的广泛覆盖。联想自身的优势有：一流的生产制造、覆盖更广的产品组合、更快的产品开发周期、自身的规模。此次收购能够使得双方优势互补。

联想通过此次媒体沟通会，不仅传达了企业重要的收购信息，而且成功地宣传了联想集团实力壮大的企业形象。

三、社会公益活动

社会公益活动是以赞助社会福利事业为中心开展的慈善活动，是企业对社会做出贡献的一种表现。越来越多的企业认识到自身的发展离不开社会的支持，作为社会的一员，企业应对社会的发展承担一定的责任和义务，为社会贡献一分力量，所以这一活动又被称为社会公民责任。企业积极参与社会公益活动，可扩大知名度，提高美誉度，树立良好的企业形象，是一举多得的良策。例如，"希望工程"、"赈灾义演"、资助公共服务设施建设等，既造福民众，也为企业树立了"关心社会、关心民众"的新形象。

社会公益活动往往不会给企业带来直接的经济效益，而且要企业付出额外的费用，但从长远看，通过这些活动，企业树立了较完美的社会形象，使公众对其产生好感，为企业创造了一个良好的发展环境。在这些活动中，企业的标志和名称往往放在显著的位置，广告的作用在不知不觉中得以发挥。

1. 公益活动的作用

出资赞助社会公益事业，为企业经济效益的提高创造了社会大环境，可以有效地提高企业的社会效益。

企业通过关心和支持社会公益事业，表明企业作为社会的一员，为社会做出了贡献，从而树立了企业的美好形象，它以承担企业的社会责任和应尽义务为主要目的；还可以通过公益活动证明企业的经济实力，赢得社会公众的信任，谋求社会公众的好感，故赞助应以增进感情的融通为主要目的；更有企业以公益活动为手段，扩大企业知名度，提高企业的美誉度，使之成为活广告，增强企业商业广告的说服力和影响力。

社会公益活动以扩大企业影响为主要目的，公益活动一定要精心策划、最大限度地追求活动的影响力。比如，举办体育活动、文化活动或其他有新闻价值的活动，或者利用国际性运动或大型国内文化体育活动的机会，策划一些与之相呼应、相配合的活动，借助文化渗透的力量，给公众留下企业的良好印象。

2. 公益活动的主要对象

公益活动的主要对象有：体育事业、文化事业、教育事业、社会福利和慈善事业等。

3. 开展公益活动的程序

(1) 调查研究、确定对象。企业的公益活动可以自选对象，也可以按被赞助者的请求来确定。但无论赞助谁、赞助形式如何，都应做好深入细致的调查研究。

(2) 制订计划、落到实处。企业的公益活动应是有计划的，在调查研究的基础上，公益计划应具体详尽。

(3) 完成计划、争取效益。在实施公益活动的过程中，企业人员要充分利用有效的公关技巧，创造出企业内外的"人和"气氛，尽可能扩大公益活动的社会影响。

(4) 评价效果、以利再战。对每一次公共关系活动的效果，都应该做出客观的评价，这样做可使今后的活动搞得更好。

4. 公益活动的注意事项

企业搞好公益活动应注意以下事项。

(1) 企业的公益活动，应以企业和企业所面对的社会环境为出发点，制定出切实可行的政策、方针和策略，切忌盲目。

(2) 企业应将公益政策公之于众，应保持与被赞助者和需要赞助的活动组织者之间的联系，用企业财务预算的应捐款项，及时帮助求助者。另外，企业应将公益计划列入企业为其生存和发展创造环境的长期计划，分清所需赞助事业的轻重、缓急，逐步实施。

(3) 企业应随时把握社会赞助的供求状况，做到灵活掌握公益款项。

(4) 企业对公益活动的科学管理，必使其善举"广"行，由此创造出良好的社会效益，必然会得到社会的广泛支持。

在现代社会，公益赞助既是表现企业社会责任的最好方式，也是赢得政府认同、打造企业影响力的有效途径。显然，只有出色的商业化运作才能使得公益赞助变成一种社会受益、企业有利的双赢行为，并使企业有动力不断进行循环投入。

企业应将公益活动进行常规化、制度化管理，每年都应发布一次企业的社会责任报告，介绍公司一年来的社会公益事业，以及企业文化是怎样在公益事业中体现的。企业对每笔公益捐款，都应做出详细的财务报表，对资金使用的数额和对象，都应有严格的监控，具有详细的操作流程和资助标准。例如，海尔集团社会公益事业(海尔绿帆)，就将企业的公益活动进行了常规化、制度化管理，如图4-11所示。

企业被称为社会的企业公民，应当像普通公民一样担负社会责任，使社会公益活动变为企业文化的一部分。企业应立足于长远，从战略的高度去看待社会公益活动，使社会公益活动真正成为一种"对社会有益，对企业有利"的双赢行动。

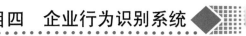

图 4-11 海尔集团社会公益事业(海尔绿帆)的网页截图

课 堂 讨 论

1. 请查找您熟悉的中国企业，并查看其行为规范制度有哪些？
2. 您认为中国的地方特色饮食能否像麦当劳与肯德基一样，在世界各地的分店都能味道如一？味道如一的关键点在哪里？为什么？
3. 请列举您熟悉的企业的社会公益活动具有哪些特点？

项 目 总 结

本项目是企业形象策划的行为篇，重点介绍企业的行为识别系统，分为以下三个任务。

任务一介绍企业行为识别系统的设计原则及步骤。设计企业行为识别系统应首先坚持以企业理念为导向，以统领企业行为为准则，并与 CIS 系统的其他设计保持统一性。企业行为识别系统的设计步骤包括前期的调查、中期运用 SWOT 方法分析现有企业的行为方式、最后进行定位设计三步。

任务二介绍企业内部行为识别系统的内容：员工教育与培训、行为规范制度和员工手册的制定。

任务三介绍企业外部行为识别系统的内容：广告、营销活动、公关活动和社会公益等活动。

项 目 测 试

一、填空题

1. 企业行为系统分为_____和_____。

企业形象策划实务

2. 企业内部行为系统主要包括_____、_____和_____。
3. 企业外部行为系统分为_____、_____和_____。
4. "制造新闻"特点：_____、_____和_____。"制造新闻"的核心：_____和_____。应注意必须符合_____、要_____、不允许_____。
5. 庆典活动的类型_____、_____和_____。

二、多选题

1. 公共关系的特征包括( )。
   A. 情感性　　　　B. 双向性　　　　C. 广泛性
   D. 整体性　　　　E. 长期性
2. 公共关系专题活动包括( )。
   A. 庆典活动　　　B. 开放企业　　　C. 展览会　　　D. 举办会议

三、项目实训题

请为您虚拟成立的企业，设计一组行为系统，要求满足以下几个条件。
(1) 内部系统：某一个岗位的员工手册。
(2) 外部系统：策划一次公关活动的任意一项专题活动；策划一项社会公益活动。

项目五

企业形象危机

【知识目标】

(1) 掌握处理企业形象危机的方法。
(2) 了解处理企业形象危机的原则。

【技能目标】

能提出处理企业形象危机的基本方案。

项目导入

2013年，世界上最大的零售巨头沃尔玛在中国危机不断。媒体相继曝光沃尔玛在华所售商品存在"狐狸肉冒充熟驴肉"、"特批潜规则"等质量问题。这些"特批"食品  有的没有食品生产许可证，有的没有QS生产许可标识，有的没有检验报告，有的没有食品流通许可证等，而依照国家相关法规，存在上述情况的商品均不得进入市场销售。2014年1月，广州消费者投诉，从番禺沃尔玛山姆会员店买的万威客牌牛肉汉堡包中牛肉含量仅为四成，其余主要是鸡肉。媒体再度曝光，沃尔玛"鸡肉冒充牛肉"。

沃尔玛创始人山姆·沃尔顿曾这样骄傲地宣布过如下誓言：

"所有同事都是在为购买我们商品的顾客工作。事实上，顾客能够解雇我们公司的每一个人。他们只需到其他地方去花钱，就可做到这一点。衡量我们成功与否的重要的标准就是看我们让顾客——'我们的老板'满意的程度。让我们都来支持盛情服务的方式，每天都让我们的顾客百分之百地满意而归。"

沃尔玛的三项基本信仰是：尊重个人、服务顾客和追求卓越。但在中国，沃尔玛创始人的经典语言与企业理念却都变味了。尽管是国际大型企业连锁集团，沃尔玛麻烦不断的危机事件仍然影响到它在中国公众心目中的企业形象。

一个企业要想成功解除企业危机，需要明确以下两个问题：

(1) 企业危机是什么？

(2) 面对企业危机，企业该怎么做？

任务一 认知企业危机

任务导入

2005年3月15日，上海市相关部门在对肯德基多家餐厅进行抽检时，发现肯德基的新奥尔良鸡翅和新奥尔良鸡腿堡调料中含有能致癌的"苏丹红一号"成分。与此同时，麦当劳也深陷"苏丹红一号"门事件。

项目五 企业形象危机

2010年4月,肯德基发生"秒杀门"事件。6月,麦当劳发生有毒玻璃杯事件。美国消费品安全委员会宣布,麦当劳餐厅推出的怪物史莱克系列玻璃杯涂料涂层会对人体产生危害,美国麦当劳召回有毒玻璃杯。

2012年11月,肯德基发生"速生鸡"事件:肯德基中国的鸡肉供应商粟海集团用有毒化学品饲养肉鸡,以便将生长周期从100天压缩到短短的45天。

2013年肯德基又被爆料,称其店内的冰块水比马桶水还脏。

肯德基、麦当劳数年来屡次三番地出现危机,在新媒体时代,无论多么大的企业都会面对危机的发生,那么什么是企业危机?

企业危机(enterprise crisis)是指突然发生的、能严重损害企业形象、给企业带来严重损失的各类事件。现代社会,社会传播的渠道日益发达,企业任何不良状况的发生都会以很快的速度进行传播,所谓"好事不出门,坏事传千里"。当企业发生危机时,企业的美誉度会大打折扣,企业形象会严重受损。

一、企业危机的特征

企业危机主要表现在突发性、难以预测性、严重的危害性和舆论的关注性四个方面。

1. 突发性

企业危机的发生往往都是不期而至的,是在企业意想不到、毫无准备的情况下瞬间发生的。突发的事件容易给企业带来混乱和惊恐,令企业措手不及。危机的突发性特征决定了企业对危机做出的反应和处理的时间十分紧迫,任何延迟都会带来更大的损失。

2. 难以预测性

没有企业喜欢危机,但危机的到来从不以企业的意志为转移。正如西方谚语所言:危机就如同死亡与税收,是企业、组织、政府甚至个人都无法避免的事情。危机出现与否,于什么时间、什么地点、以什么样的方式爆发?以及爆发的程度等情况是无法确定的,危机爆发前的征兆一般不是很明显,企业难以做出预测。

3. 严重的危害性

企业危机爆发后,如果得不到及时有效的处理,就会给企业带来比较严重的经济利益损失和负面影响,严重影响企业形象,特别是发生了有人身伤亡的事故之后,对企业未来的发展与经营会带来致命性打击,更严重的甚至会使企业毁于一旦。

案例 5-1：家乐福售卖过期产品、三黄鸡变柴鸡事件

法国家乐福集团(Carrefour)是欧洲第一大零售商，世界第二大国际化零售连锁集团。2012年3月24日，据中国之声《全国新闻联播》报道，家乐福售卖过期鲜肉产品，三黄鸡变身柴鸡价格翻番。家乐福超市郑州花园店被责令停业整顿一星期。

门店停业意味着家乐福损失20万~30万元日营业收入，郑州市工商局金水分局对家乐福决定作如下处罚：没收违法所得46 634.51元，罚款233 172.55元。这次事件直接经济损失达230多万元，而家乐福公司在中国修复企业品牌形象的成本，将无可预估。

案例 5-2：康泰克 PPA 事件

2000年，美国一项研究表明 PPA(苯丙醇胺)有增加病人患"出血性中风"的危险。11月6日美国食品与药物监督管理局(FDA)发出公共健康公告，要求美国生产厂商主动停止销售含 PPA 的产品。10日之后，中国国家医药监督管理局(SDA)也发布了《关于暂停使用和销售含苯丙醇胺药品制剂的通知》，并且是以中国红头文件的形式发至中国各大媒体。在15种被暂停使用和销售的含 PPA 的药品里，中美天津史克制药有限公司生产的"康泰克"和"康得"两种产品就名列其中。

中美史克的"康泰克"凭借其独特的缓释技术和显著的疗效，在国内抗感冒药市场曾具有极高的知名度。PPA 在美国已被禁售，由于中美史克没有危机管理意识，结果导致中国禁令发布的当天，公司库房里还有1亿粒康泰克存货。中国 SDA 通告的发布正值11月感冒高发期，暂停使用和销售"康泰克"对公司是严重的打击，通告使得"康泰克"销售量急剧下降，中美史克为此蒙受的直接损失达6亿多元人民币。同时，竞争者三九制药、海王药业看到市场的变化后纷纷顺势推出不含 PPA 成分的感冒药项目。中美史克多面受敌，加之媒体争相报道，经销商纷纷来电，"康泰克"多年来在消费者心目中的优秀品牌地位陷入危机之中。2001年9月，在"新康泰克"面世发布会前，中美史克总经理杨伟强表示 PPA 危机至少让"史克"损失了7个亿，中美史克公司虽以"新康泰克"(用盐酸伪麻黄碱取代 PPA)重新杀回感冒药市场，但是此次危机事件使中美史克公司拱手让出了相关药品市场80%的市场份额，损失惨重。

更严重的企业危机甚至造成"三株"、"秦池"、"三鹿"等名牌企业销声匿迹。2008年三鹿企业的三聚氰胺危机事件犹如一枚原子弹，不仅将企业自身炸得粉身碎骨，将整个中国奶粉行业拖入了万劫不复的深渊，还令中国食品行业甚至是中国制造都蒙上一层阴影。

在微博、微信流行的新媒体时代，中国进入"围观时代"，危机更具有"100-1=0"的效果。当企业被无数人围观的时候，即使企业做了一百件好事，也抵不过一件错事带来的伤害和中伤。任何一个微小的疏忽或者细节的失败，都可能导致"100-1=0"的效果，前功尽弃，甚至万劫不复。有人说：爬到山顶需要花 10 年的时间，而掉到山谷只需要 10 秒钟。企业危机具有垃圾累积效应：负面信息一经发布，就会被不断谈论、转载，甚至被丑化，就像没有回收的垃圾一样，散发着臭味。当累计达到一定量之后，便覆水难收，因此危机具有严重的危害性。

4. 舆论的关注性

"好事不出门，坏事传千里"，危机事件的爆发能够刺激人们的好奇心理，常常成为人们谈论的热门话题和媒体跟踪报道的内容，在今天新媒体时代的背景下，危机的信息传播比危机本身发展要快得多。危机的迅速发生会引起各大传媒以及社会大众对于这些意外事件的格外关注。

例如，2011 年 1 月 18 日，经济之声《天天 315》节目对家乐福部分超市存在虚构原价、低价招徕顾客高价结算、不履行价格承诺、误导性价格标示等多种价格欺诈行为的连续报道，引起了发改委的高度重视。节目播出后，社会各界的反响非常强烈。新华网、凤凰网、财经频道、中国经济网、中国品牌网、中国金融网、中国网、中青网、MSN 等几十家网络媒体都进行了转载，云南电视台、上海东广新闻台、上海新闻晨报等媒体更是就这一事件进行了追踪报道。

新媒体时代，随着微博、微信、博客、播客、论坛、社交网络等新媒体的出现，企业信息传播的渠道更加多样化、高速化、范围全国化甚至全球化，这会导致危机迅速传播，成为社会公众聚焦的中心，成为各种新旧媒体抽刀炒作的素材。新媒体信息发布的快速性、不可控性也让企业面临潜在的危险因素增加，如果不及时正确地处理，企业的形象将会遭受严重的打击。"微博或论坛曝光→网民关注→传统媒体报道→网络转载→网民议论放大→更多媒体关注→更多社会关注→事件升级，掀起高潮"，这种令人恐怖的裂变效应，往往使企业措手不及。

二、企业危机的根源及类型

1. 引发企业危机的根源

企业面临的危机各种各样，而近几年来，引发企业危机的直接根源主要有：产品质量、虚假宣传、媒体不实报道、企业违背承诺、行业恶性竞争和企业内部管理不善等。

1) 产品质量

在 2010 年的十大企业危机中，其中半数事件(如：丰田汽车召回门、惠普蟑螂门、金浩茶油致癌物超标事件、蒙牛诽谤圣元"激素门"事件、真功夫"排骨门"事件)的直接起因都是因为企业产品质量被爆出现问题引发的。2011 年康芝药业尼美舒利事件，2012 年肯德基"速生鸡"事件、可口可乐"含氯门"、大众 DSG 变速箱故障门；2013 年肯德基"马桶水"事件、农夫山泉的"标准门"、2014年日本尼康D600相机的"斑点门"事件等，也都是因产品质量出现问题而引发危机。这样的危机每一年都在不同企业上演。产品质量直接引发的企业危机是爆发频率最高的危机根源，产品质量会直接引发企业的信誉危机，使企业形象受损。

  2) 虚假宣传

  因虚假宣传引发的典型危机是美的"紫砂煲"事件。2010年5月23日，中央电视台《每周质量报告》报道，美的紫砂煲所谓"全部选用纯正紫砂烧制"的内胆并不是紫砂的。这些内胆使用的原料泥，实际上是用田土、红土、黑泥、白泥等多种普通陶土配制，并添加"铁红粉"、二氧化锰等化工原料染色，并非宣传的"纯正紫砂"。随后，线上线下媒体报道铺天盖地跟进，美的、九阳等厂家的紫砂煲纷纷下架。当天下午，美的向消费者和媒体道歉，承诺立即纠正不实宣传，对美的电炖锅公司立即停产整顿，停止销售，设点接受消费者退货，各大卖场全面撤架。第二天，美的紫砂煲被曝出退货要收折旧费，也没有具体退换货细则。第三天，美的生活电器总裁通过央视新闻频道承诺，无条件退换货，且"无发票也能退货"。

  美的"紫砂煲"事件中，美的集团出尔反尔，对退款条件的限制则二次引发消费者的强烈质疑。从危机扩散的角度来分析，美的紫砂煲的虚假宣传危机，不仅损失了生活电器数十亿的市场销售，还影响投资者对美的作为上市公司的品牌声誉的信任。虚假宣传危机不但引发了美的集团企业的信誉危机，更使企业形象受损。

  3) 媒体不实报道

  媒体的不实报道引发企业危机，最典型的案例是霸王洗发水致癌事件。2010年7月14日香港媒体报道，香港某机构对霸王旗下的中草药洗发露、首乌黑亮洗发露以及其生产的追风中草药洗发水进行了化验，这几款洗发水中均检出了含有被美国列为致癌物质的二恶烷。二恶烷对皮肤、眼部和呼吸系统有刺激性，并可能对肝、肾和神经系统造成损害，急性中毒时可能导致死亡。消息一出，危机的狂潮即刻掀起，各大主流媒体、各大网站开始进行疯狂的报道。各种批判性很强的网络专题也随之推出。霸王股价一天之内暴跌14%。7月16日，广东省质监局发布新的检测报告称，霸王的二恶烷含量是安全的。但对于市场与消费者信心来说，质监部门的报告却非金枪良药，无法在短时间迅速重振消费信心。短短两三天时间，霸王集团经历了企业最惊险的生死劫。2010年圣元的激素门事件、2013年上市公司中联重科"记者门"事件等也都是由新闻媒体的不实报道直接引发的企业危机，并使企业造成了重大损失。新闻媒体不实报道引发的危机，一般是由企业同行之间的恶性竞争导致的。同样，媒体的不实报道也会引发企业的信誉危机，使企业形象受损。

  4) 企业违背承诺

  2010年肯德基"秒杀门"是典型的企业违背承诺引发的危机。2010年4月6日，肯德基中国公司在网上推出"超值星期二"三轮秒杀活动，64元的外带全家桶只要32元，于是在全国引爆热潮。但当消费者拿着从网上辛苦秒杀回来的半价优惠券(优惠券上标明复印有效)准备兑现时,突然被肯德基单方面宣布无效。随后,中国肯德基发表声明称:由于部分优惠券是假的,所以取消优惠兑现,并向顾客致歉。由于对电子优惠券的真假争执不下,部分门店店员和消费者发生了长时间的争执状况,全国各地肯德基餐厅出现滞留了大量"讨说法"的消费者的情况。消费者认为是肯德基忽悠了大家,在各大论坛发表谴责帖子,不时出现"出尔反尔,拒食肯德基"这样的言论,有网友甚至把各地的秒杀券使用情况汇总,一并向肯德基投诉。肯德基陷入"秒杀门"。4月12日,肯德基发表公开信,承认活动欠考虑,未能充分预估可能的反响,承认网络安全预防经验不足,表示应对不够及时,个别餐厅出现差别待遇带来不安全因素,承认第一次声明中"假券"一说用词欠妥。随后,肯德基"秒杀门"愈演愈烈,一面是消费者辛苦"秒杀"来的优惠券被叫停,不断传来消费者起诉肯德基的传闻;另一面是肯德基发声明道歉,但却对优惠券的真假讳莫如深。一场企业与消费者之间的角力由此展开。6月1日,肯德基在中国内地的第3000家餐厅落户上海,公司高层首次就 "秒杀"事件公开向消费者致歉。

肯德基各门店单方面以不同的理由取消活动已经侵犯了消费者的权益。实体店运用网络电子商务手段搞促销优惠本来无可厚非,但因为经验的不足且处理不当带来的必然是信誉的损失。后来又发生 2011 年家乐福"价格欺诈"、2013 年的苹果手机歧视中国消费者事件等企业违背承诺的危机事件,发生这一类危机的企业更深的原因在于不尊重消费者,一般都有店大欺客的嫌疑。企业违背承诺会直接引发企业的诚信危机,导致企业形象受损。

5) 行业恶性竞争

行业恶性竞争作为直接诱因引发企业危机的是腾讯 QQ 与奇虎 360 大战事件,很多其他危机爆发的深层次根源也都源于行业恶性竞争。

案例 5-3:2010 年腾讯 QQ 和奇虎 360 的互联网之战

腾讯 QQ 和奇虎 360 的争端从 2010 年年初腾讯推出 QQ 医生开始。5 月 31 日,腾讯将 QQ 医生悄然升级至 4.0 版并更名为 "QQ 电脑管家",中秋节期间,"QQ 软件管理"和"QQ 医生"自动升级为"QQ 电脑管家",升级后的"QQ 电脑管家"涵盖了云查杀木马、系统漏洞修补、安全防护、系统维护和软件管理等功能,而这正是奇虎 360 安全卫士的主流功能。腾讯 QQ 凭借着庞大的用户基础,"QQ 电脑管家"直接威胁了 360 在安全领域的生存地位。

9 月 27 日,360 安全卫士推出个人隐私保护工具"360 隐私保护器",目标直接瞄准 QQ 软件,360 与腾讯在客户端领域起冲突。10 月 14 日,腾讯正式起诉 360 不正当竞争,360 提起反诉。10 月 27 日晚间,腾讯通过弹窗的方式,联合百度等网站发表声明,指责 360 不正当竞争,并号召同业不与 360 发生任何形式的商业往来,360 随之通过弹窗形式反击,掀起两家弹窗大战。

11 月 3 日傍晚 6 点,腾讯公开信宣称,将在装有 360 软件的电脑上停止运行 QQ 软件,倡导必须卸载 360 软件才可登录 QQ。此举引发了业界震动,网友愤怒。业内认为,腾讯这一招是逼迫用户作出二选一的选择。据奇虎 360CEO 周鸿祎称,被迫卸载的 360 软件用户达到 6000 万。

一直到 11 月 7 日，腾讯与 360 迫于压力同时发表声明：在工信部的调解下，双方决定休战，握手言好。至此，一场惊动中国、震动 4 亿网民的"鹅虎"之战终于告一段落，如图 5-1 所示。

图 5-1　腾讯 QQ VS 奇虎 360

2012 年，腾讯 QQ 与奇虎 360 之间的战争又再次点燃。4 月，腾讯起诉奇虎 360 不正当竞争在广东高院开庭，而奇虎 360 则起诉腾讯滥用市场支配地位。奇虎 360 和腾讯相互索赔 1.5 亿元和 1.25 亿元，成为中国互联网史上涉及金额最大的两家公司的诉讼案件。2013 年 8 月 14 日，广东省高级人民法院通过微博公布了宣判结果，判决奇虎 360 败诉，驳回其全部诉讼请求。同时，诉讼费用 790 680 元由奇虎 360 一方承担。

企业之间的恶性竞争，给双方企业都会带来损失，有损双方企业形象。2010 年圣元"激素门"事件后来证明是奶业巨头之一蒙牛公司的恶意诽谤，其深层次根源仍是企业之间的恶性竞争。2013 年的上市公司"记者门"事件也源于同行之间的恶性竞争。此种根源引发的企业危机，不仅让受攻击企业的形象短期内受损，一旦真相大白，发起攻击的企业形象也会受损，行业恶性竞争对双方来说都是一把"双刃剑"，它会引起双方企业的信任危机。

项目五　企业形象危机

6) 企业内部管理不善

企业内部管理不善的典型案例是富士康跳楼事件。2010年1月至6月，一共有13位年轻的富士康员工选择跳楼、结束他们鲜活的生命，富士康被贴上"血汗工厂"的标签。5月26日，在深圳龙华厂，富士康科技集团总裁郭台铭首度公开面对数百家媒体，当着千余人，他深深三鞠躬，"除了道歉还是道歉，除了痛惜还是痛惜"。郭台铭鞠躬道歉的形象被境内外媒体广泛报道，"精神血汗工厂"等名词出现在境外媒体上。作为全球最大的IT、消费电子产品代工企业，富士康的连续13个跳楼自杀事件不仅是企业危机事件，后来还演变成轰动一时的社会影响事件，让苹果、惠普等全球知名IT企业发表声明表示高度关注，引起全球关注。事件最后以富士康加薪告一段落。富士康连跳危机的爆发是由于企业内部管理不善导致的，更早的三鹿事件，及2012年的修正药业、2013年葛兰素史克行贿风波等在更深层次上都属于这一种危机。此危机会直接导致企业形象受损，处理不好，会演变成为重大的社会事件。

2. 企业危机的类型

企业危机从不同的角度可进行不同的分类，企业面临的危机主要有：信誉危机、经营管理危机、灾难危机、财务危机、法律危机、人才危机和媒体危机。

1) 信誉危机

信誉是企业在长期的生产经营过程中，公众对其产品和服务的整体印象和评价。信誉危机是指企业由于没有履行合同或对消费者的承诺，产生的一系列纠纷，甚至给合作伙伴及消费者造成重大损失或伤害，使企业信誉下降，失去公众的信任和支持而造成的危机。

近几年，涉及企业声誉危机的事件大幅上升，许多企业在诚信度、对相关法律法规的遵守力度、社会责任履行等方面都出现诸多问题。2014年3·15晚会曝光的七个企业危机中，涉及企业缺少诚信、不遵守法律法规的信誉危机事件占5/7，如表5-1所示。这些问题直接或间接地导致了企业危机的爆发。

表5-1　2014年3·15晚会曝光的企业危机事件

序　号	危机事件	所属危机类型
1	杭州广琪贸易销售过期食品原料	信誉危机
2	尼康相机拍照现黑斑点，推责给雾霾	产品质量
3	大唐电信旗下高鸿股份泄露个人隐私	信誉危机
4	康诺邦等公司幼儿鱼肝油多吃有害	信誉危机
5	利安达等交易所操控后台，投资者炒白银稳赔不赚	信誉危机
6	山东企业违规生产四轮代步车，事故频出	信誉危机
7	学生用涂改液甲苯超标34倍	产品质量

2) 经营管理危机

经营管理危机是由企业管理不善而导致的危机，包括产品质量危机、环境污染危机、关系纠纷危机。

(1) 产品质量危机。企业在生产经营中忽略了产品质量问题，使不合格产品流入市场，损害了消费者利益，一些产品质量问题甚至造成了人身伤亡事故，由此引发消费者恐慌，消费者要求追究企业的责任而产生危机。

(2) 环境污染危机。企业的"三废"处理不彻底，有害物质泄露、爆炸等恶性事故造成环境危害，使周边居民不满和环保部门的介入引起危机。

(3) 关系纠纷危机。由于错误的经营思想、不正当的经营方式忽视经营道德，员工服务态度恶劣，造成关系纠纷产生的危机。例如，运输业的恶性交通事故、餐饮业的食物中毒、商业出售的假冒伪劣商品、银行业的不正当经营的丑闻、旅店业的顾客财物丢失、邮政业的传输不畅、旅游业的作弊行为。

3) 灾难危机

灾难危机是指企业因无法预测和不可抗拒的强制力量(如地震、台风、洪水等自然灾害，战争、重大工伤事故、经济危机、交通事故等)而造成巨大损失的危机。灾难危机会给企业带来巨额的财产损失，使企业经营难以开展。

4) 财务危机

财务危机是指因企业投资决策的失误、资金周转不灵、股票市场的波动、贷款利率和汇率的调整等因素使企业资金出现断流，难以使企业正常运转，严重的最终造成企业瘫痪的危机。

案例 5-4：2014 年的"11 超日债"违约事件

"11 超日债"指的是上海超日太阳能科技股份有限公司于 2012 年 3 月 7 日发行的公司债券，票面利率为 8.98%，续存期限为 5 年，每年的 3 月 7 日为年度起息日。随着国内光伏产业产能过剩导致寒冬降临，超日太阳能公司陷入困境。2012 年底，在发行不到一年之后，"11 超日债"因董事长跑路的传言被停牌，此后 5 亿元债务违约问题开始浮出水面，公司的主体长期信用等级、债券信用等级均被下调至 CCC。

"11 超日债"第二期利息原定付息日为 2014 年 3 月 7 日，利息金额共计人民币 8980 万元。但根据*ST 超日公司 3 月 4 日晚间公告，由于公司流动性危机尚未化解，通过公司自身生产经营未能获得足够的付息资金，而目前筹集的 400 万元付息资金未能支付 8980 万元的利息，因此导致违约。

作为国内债券市场的首例违约事件，"超日事件"引发巨大市场波澜，多地投资"散户"债民纷纷成立维权小组，多家债权方公司也加紧"瓜分"*ST 超日为数不多的剩余资产的进程。超日债事件作为中国信用债市场第一单实质违约，也直接导致其他企业的信用债券下跌，属于典型的财务危机。

5) 法律危机

法律危机指企业高层领导法律意识淡薄,在企业的生产经营中涉嫌偷税漏税、以权谋私等问题,事件一旦暴露后,企业将会陷入危机之中。

6) 人才危机

人才危机是人才频繁流失所造成的企业危机,尤其是企业核心员工离职,其岗位没有合适的人选,给企业带来的危机也是比较严重的危机现象。

7) 媒体危机

媒体危机是由大众媒体的失误报道而引发的企业危机。真实性是新闻报道的基本原则,但是由于客观事物和环境的复杂性和多变性,以及报道人员观察问题的立场角度有所不同,媒体的报道会出现失误,具体分为三种情况。

(1) 媒介对企业的报道不全面或失实。媒体不了解事实真相,报道不能客观地反映事实,引起的企业危机。

(2) 曲解事实。由于新科技的引入,媒体还是按照原有的观念、态度分析和看待事件而引起企业的危机。

(3) 报道失误。人为地诬陷,使企业蒙蔽,引起企业的危机,如2010年的圣元"激素门"事件。

任务二　危　机　管　理

任务导入

2012年3月24日,中国之声《全国新闻联播》曝光家乐福超市郑州花园店用三黄鸡冒充柴鸡及销售过期食品。随后,该店被责令停业整顿一星期。郑州市工商局金水分局法制科科长张南公布处理结果:责令当事人改正上述违法行为,没收违法所得46 634.51元;罚款233 172.55元。

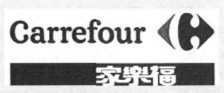

家乐福中西区副总经理张震发表声明:"家乐福也会以此为戒,在工商部门的要求之下进行认真的整改,欢迎广大消费者进行监督。我们会加强内部管理,加强对员工的培训,通过内外监督机制,保证我们所有规章制度能合理实施,我们希望用实际行动赢得广大消费者对家乐福的信任。"

"道歉—停职—反省—严检",这是家乐福表达给公众的正面。

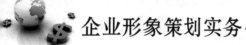

> 美国普林斯顿大学的诺曼·R.奥古斯丁教授认为,每一次危机本身既包含导致失败的根源,也孕育着成功的种子。发现、培育,以便收获这个潜在的成功机会,就是危机管理的精髓;而习惯于错误地估计形势,并使事态进一步恶化,则是不良的危机管理。简言之,如果处理得当,危机完全可以演变为"契机"。
>
> 那么,面对危机,企业该如何处理?

人无完人,对企业而言,也是如此。没有不犯错的企业,但是企业在某一环节犯错,并且被作为典型案例曝光时,企业应如何进行应对?

对于企业来说,危机管理不同于日常管理,它具有管理难度大、风险高的特点,为了更好地进行危机管理,企业为将危机的破坏性程度降低到最小,在处理危机时应坚持一定的原则。

一、危机处理的原则

1. 速度第一原则

企业危机发生后,速度是关键。在危机出现的最初 12~24 小时内,消息会像病毒一样,以裂变方式高速传播。而这时候,可靠的消息往往不多,社会上充斥着谣言和猜测,公司的一举一动是外界评判公司如何处理这次危机的主要根据。危机发生后,企业应在对危机发生的时间、地点、发展到什么程度等基本信息了解后,率先对危机做出反应,最好是第一时间,企业越早赢得时间就意味着越能减少损失,企业做出反应最晚的时间期限是 72 小时。其次是处理危机要果断迅速,公司必须当机立断,快速反应,果决行动,与媒体和公众进行沟通,以控制事态,否则危机的范围会扩大,甚至可能失去对全局的控制。

如果一个企业对它面临的危机认识太晚,或是反应太慢,就如同处在一个滑坡上的球,只能往下滑,要想掌控全局会变得极为困难。对于发生危机的企业来说,信息真空是企业最大的敌人,因为总有人会去填充它,尤其是竞争对手。世界上著名的企业都有因不重视速度第一的原则,使危机事件愈演愈烈,造成企业重大的损失。

例如,2010 年 1 月,富士康一员工因不堪忍受公司苛刻的用工制度,选择跳楼结束生命,富士康对这一事件一开始采取的是回避与沉默态度。后来这一事件继续恶化,自杀人数不断攀升,直至出现"10 连跳"后,公司总裁郭台铭才站出来回应外界质疑。企业面对危机汹涌而来。5 月,11 跳后,郭台铭迫于压力不得不亲临深圳,陪同媒体参观工厂,召开新闻发布会,鞠躬道歉。到 6 月,一共有 13 位年轻的富士康职工选择跳楼结束他们鲜活的生命,富士康被贴上"血汗工厂"的标签。由于富士康处理危机严重违反了速度第一的原则,抱着侥幸心理想不了了之,最后为此付出了惨痛的代价。

同样,这一年的丰田公司对"召回门"事件的处理也违背了速度第一的原则。2009 年 8 月 28 日,在美国加州圣迭戈的高速公路上,一名警察驾驶一辆丰田公司的雷克萨斯 ES350

轿车突然加速导致一家四口死亡。事件发生后丰田公司没有作出迅速反应，美国媒体对此事件进行了轮番报道，丰田车的质量问题引发美国社会大众的广泛关注。后来，又发生丰田汽车由于油门踏板和脚垫的安全故障问题，丰田公司被迫从2009底开始在全球大规模召回车辆，爆发了丰田的召回门事件，公司总裁丰田漳南全球"巡回道歉"。据统计，受丰田的"召回门"事件影响，2010年1月份，丰田公司在美国市场销量同比下降15.8%，市场份额环比下降4.1个百分点，召回事件对丰田企业形象造成了巨大的负面影响。据著名调查机构贝叶思的调查显示：在丰田公司经历了大规模的召回后，丰田企业在美国消费者心目中的品牌影响力下降十分明显，其品牌影响力由召回事件发生前的第一位，下降至目前的第五位。过去十年一直高速发展的丰田公司，遇到了重大的危机打击，公司发展速度大受影响。

在新媒体时代，企业在危机发生后应遵守速度第一原则，在第一时间做出合适的反应能取得较好的效果。例如，每年中央电视台在国际消费者日3·15晚会上都会使得众多的企业陷入"危机门"。曝光原因的不同、应对态度的差异、应对速度的快慢使得被曝光企业获得了截然不同的评价。有部分被曝光企业都相继利用新浪微博等平台做出快速回应，或表达歉意、或承诺改善、或直接澄清，取得了较好的效果。

例如，2013年，大众汽车在3·15晚会曝光后的一小时内就在官方微博上做出了回应，并承诺以最快速度联系消费者并解决问题。尽管仍然有网友对于大众之前敷衍的态度提出质疑，但第一时间内的回应以及负责任的态度还是赢得了相当多的好评。

同时被曝光的高德地图面对危机，也迅速做出反应，遵守了速度第一原则，公司通过微博针对央视提出的问题进行澄清，表明央视曝光的是两年前的旧版本，当时受制于分享的技术方式，现在高德地图安卓版已经全部解决这个问题。高德地图的高效微博发布，坚持速度第一的原则获得了用户的理解，使高德地图化"危"为"机"，成功地提高了高德公司的知名度及美誉度，取得了较好的危机处理效果。

2. 真诚沟通原则

危机发生后，企业处于危机漩涡中时，是公众和媒介的焦点。企业的一举一动都将受到质疑，对此，企业不应存侥幸心理，企图蒙混过关，而应该真诚主动地与新闻媒介联系，尽快与公众沟通，说明事实真相，使双方互相理解，消除疑虑与不安。出了问题并不可怕，可怕的是企业在面对问题时，还依然狡辩或者顾左右而言他，绕开消费者需要正视的问题，这样无疑会让大多数消费者寒心。

这里的真诚指"三诚"，即诚意、诚恳、诚实。

(1) 诚意：在事件发生后的第一时间，企业的高层应向社会公众说明情况，并致以歉意，体现出企业勇于承担责任、对消费者负责的诚意，赢得消费者的同情和理解。

(2) 诚恳：一切以消费者的利益为重，沟通情况时不要躲躲闪闪，不回避问题和错误，体现出真诚。

(3) 诚实：诚实是危机处理最关键、也最有效的解决办法。要向公众沟通事实的真相，重拾消费者的信任和尊重，社会公众容易原谅一个企业的错误，但不容易原谅一个企业说谎。

案例 5-5：苹果公司 2013 年"售后门"风波

2013 年 3 月 15 日，央视 3·15 晚会曝光苹果手机在中国市场实施不同于国外的售后政策，其在中国宣称的"以换代修"、"整机交换"并没有真正实现整机更换，而是沿用旧手机后盖，以逃避中国手机"三包"规定，涉嫌歧视中国消费者。

随后，苹果公司通过@新浪科技发布名为《苹果回应央视 3·15 报道》不痛不痒的官方声明，称："苹果公司致力于生产世界一流的产品，并为所在市场的消费者提供无与伦比的用户体验。这也是为什么我们在每一家苹果零售店的 Genius Bar(天才吧)提供深受消费者喜爱的面对面支持。我们也与全国 270 多个城市的超过 500 个授权服务点密切合作。我们的团队一直努力超越消费者的期望，并高度重视每一位消费者的意见和建议。"

3·15 晚会结束后，苹果公司商店的工作人员表示暂时不能回答问题，"苹果公司门"提供的媒体热线号码无人接听。3 月 16 日上午，多名记者到苹果公司北京办公地点进行采访，但始终没有责任人出现。之后连续多天，央视《新闻联播》、《焦点访谈》、CCTV2《经济半小时》等栏目不断曝光苹果相关问题。危机事件在不断扩大。这期间，苹果公司没有真正与社会公众进行真诚沟通，只发表了不痛不痒的官方声明。直到 3 月 23 日，迫于压力苹果公司回应：中国消费者享有苹果最高标准的服务，"我们的政策完全符合本地法律、法规，苹果在中国所提供的保修政策和在美国及世界各地大致相同"。3 月 25 日，《人民日报》连续 5 天"炮轰"苹果。3 月 29 日，央视记者采访苹果总部未果，被拒视频网上疯传。4 月 1 日晚间，苹果中文官网在主页醒目位置，发布了苹果 CEO 提姆·库克《致尊敬的中国消费者的一封信》。苹果表示，对过去两周里收到的在中国维修和保修政策的反馈意见进行了"深刻的反思"，意识到对外沟通不足而导致外界认为苹果"态度傲慢，不在意或不重视消费者的反馈"，并对此表示"诚挚的歉意"。同时，苹果提出四项改进，包括 iPhone4 和 iPhone4S 维修政策、在 Apple 官方网站上提供简洁清晰的维修和保修政策说明、加大力度监督和培训 Apple 授权服务提供商，以及确保消费者能够便捷地联系 Apple 以反馈服务的相关问题。将对保留后盖的维修方式进行维修政策改进，自 2013 年 4 月起，Apple 将 iPhone4 和 iPhone4S 服务包升级为全部采用新部件的设备更换，并且自更换之日起重新计算 1 年保修期。

被央视曝光后，苹果公司通过微博发布声明，然而这份声明对其整机更换后保留旧后盖、不按国家三包规定重新计算保修期等问题未做出任何回应，没有一丝道歉的意味。这则不足 200 字的声明被网友称为是"官方回复假大空的经典范文"。后来，在广大消费者和媒体的不断质疑声中，苹果公司二度发布声明，但声明中仍未看到苹果承担责任、改正错误的诚意。此次危机处理中，首先，苹果公司两次发布的官方声明均毫无歉意。其次，在晚会结束后,对于媒体与社会公众的沟通,苹果公司的工作人员与公关部门相互推诿,三缄其口,延误最佳沟通时间和机会。在被众多媒体轮番报道时,苹果公司也一直沉默以对,没有站在公众立场表示诚意,直到被众多主流媒体轮番报道之后,苹果公司才发布致歉信,对之前的行为进行"深刻的反思",并表示"诚挚的歉意",也算挽回了一点"傲慢自大"的负面形象。但由于前期不当的危机处理,其企业形象已经受损,致使造成巨大的经济损失。发生危机后,苹果公司 2013 年第二季度中国市场智能手机出货量数据显示:苹果 iPhone 在中国的市场份额已经从 2012 年第二季度的 9%降至 4.8%,不及小米的 5%。

3. 承担责任原则

危机发生后,公众会关心两方面的问题。

(1) 利益的问题。利益是公众关注的焦点,企业面对问题应是非分明,是企业自身的责任绝不推诿。在企业危机情况尚不明朗时,可明确表态:一旦事情真相查清责任在企业,企业一定会负责赔偿和消除影响。危机发生后,企业一定要高姿态,遇到危机时不能只考虑企业短期的经济损失,应考虑长远的企业利益与形象。

(2) 感情问题。企业应该站在受害者的立场上表示同情和安慰,并通过新闻媒介向公众致歉,解决深层次的心理、情感关系问题,从而赢得公众的理解和信任。

危机发生后,企业如不愿承担责任则会引发企业更大的信任危机。例如,蒙牛集团在过去的几年里,发生多次危机事件:三聚氰胺事件、特仑苏事件、陕西中毒事件、诽谤门事件等。犯错误不要紧,重要的是犯错误以后的态度。蒙牛公司似乎形成了一套自己的公关思路:即出现危机后,要进行"隔离",大事化小、小事化了,站在企业的角度,"隔离"无可厚非,这是企业自保的表现。可问题在于这种隔离的不承担责任的表现失去了社会公众的信任。纵观微博、BBS、QQ 群以及门户网站新闻的留言,网民对于蒙牛更多的是否定、嘲讽甚至是谩骂。这种不信任是人们对蒙牛公司不承担责任的情绪长期累积与集中爆发的表现。信任是任何商业往来以及可持续发展的基础,不信任一旦产生,再怎么隔离、做再多的市场推广、拿下再多的央视黄金广告时间段都是无济于事的。

2010 年惠普"蟑螂门"事件,也违背了承担责任原则。央视在 2010 年 3·15 晚会上对两款惠普笔记本电脑的大规模质量问题进行了报道,惠普公司客户体验管理专员在接受采访时,对惠普笔记本的故障原因作出自己的解释:中国学生宿舍的蟑螂太恐怖!此言一出,随即引起消费者愤怒,网友创造《蟑螂之歌》讥讽惠普。惠普将笔记本电脑故障怪罪于蟑螂,遭到冷嘲热讽,各种搞笑蟑螂版充斥网络;连续两次公开表态道歉并承诺延长保修期,被指"未见新内容、用户信心难拉回";两次回应都不愿承担责任,回避召回话题,被批"在打太极、虚伪无诚意"。"蟑螂门"事件让惠普名誉扫地。

在企业危机发生后,如果企业能勇于承担责任,则会收到很好的提升企业形象的效果,如肯德基的"苏丹红"事件。

案例5-6：肯德基的"苏丹红"事件

在2005年3月15日，上海市相关部门在对肯德基多家餐厅进行抽检时，发现肯德基的新奥尔良鸡翅和新奥尔良鸡腿堡调料中含有可能致癌的"苏丹红一号"成分。

肯德基对于突然遭遇的危机事件，态度非常坦然。第二天上午，百胜集团上海总部通知全国各肯德基分部，从16日开始，立即在全国所有肯德基餐厅停止售卖新奥尔良鸡翅和新奥尔良鸡腿堡两种产品，同时销毁所有剩余的调料。

在此危机中，肯德基采取主动，自爆家丑，诚信以对。肯德基主动向媒体发表声明，"……但是十分遗憾，昨天在肯德基新奥尔良烤翅和新奥尔良鸡腿堡调料中还是发现了苏丹红一号成分"，肯德基的这份声明，主动、诚恳，表现出对消费者的健康极为重视的态度，迅速在各大报纸头版头条甚至社论中出现。

肯德基处理"苏丹红一号"事件引发的食品召回危机事件堪称是成功的危机处理经典。在整个事件中，肯德基在以下几个方面做得很好：积极配合；信息翔实，消除误解；反应迅速，以快打慢；态度坦诚，程序控制，有理有节。究其原因，不难发现，肯德基多年来一直重视企业形象管理，对消费者关注的食品健康问题从不回避，并从消费者的角度宣传营养健康知识，提倡健康的饮食消费理念。

2005年的"苏丹红一号"事件，披露出的"涉红"跨国企业及众多国内企业，真正挺身而出、自曝家丑并公开致歉的只有肯德基一家。肯德基主动承担责任，塑造了一个跨国企业高度的社会责任感和诚信操守的企业形象。

一个负责任的企业管理者应具备良好的生存心态，不能因为发生危机事件就退缩。企业无论犯错与否，管理者都应遵守承担责任原则，向公众做坦诚的解释，人们会对敢于认错、知错就改、勇于负责的企业行为叫好，从而更容易原谅，使企业迅速恢复企业形象。

4. 权威证实原则

企业在危机发生后，不要自己整天拿着高音喇叭叫冤，应立刻申请重量级的第三方权威人士或权威机构对产品进行合格认证，在前台说话，使消费者解除对企业的警戒心理，重获他们的信任。

案例5-7：霸王洗发水致癌事件

2010年7月14日香港媒体报道，霸王旗下的中草药洗发露、首乌黑亮洗发露以及其生产的追风中草药洗发水含有被美国列为致癌物质二恶烷。危机发生后，霸王集团应对汹涌而来的质疑，从两个方面进行了应对处理：一方面，霸王集团在搜狐财经发表声明，集团的产品符合世界包括欧盟及美国FDA所定的标准，《壹周刊》文章所指产品所含的微量二恶烷远低于世界安全指标，绝对不会对人体健康构成影响。对于香港媒体失实报道及其所带来的影响，霸王保留采取进一步法律行动的权利。另一方面霸王集团积极申请国家质监部门对产品质量进行检验。7月16日，广东省质监局发布新的检测报告称，霸王的二恶烷含量是安全的。

对于霸王产品的合法性来说，质监部门的检测报告代表了官方对事件的定调。虽然强大的危机激流打了霸王集团一个措手不及，但事件在广东省质监局的检测报告发布后又柳暗花明。质监部门的报告虽非金枪良药，但对重振消费者信心起到了一定的良好作用。

企业危机如果是产品质量问题引起的，必须要坚持权威证实原则，以证明企业的产品质量符合相关规定，以最大限度地消除社会公众的疑虑。但权威认证不能出现打架现象，否则，会起反作用。

案例 5-8：2012 年可口可乐"含氯门"事件

2012 年 4 月 17 日，可口可乐(山西)饮料有限公司的一名员工对媒体的爆料引发热议。该员工称公司在管道改造中，将消毒用的含氯处理水误混入饮料中，涉及 9 个批次、12 万余箱可口可乐，价值可能高达 500 万元，目前这部分被疑含氯饮料可能已经流入市场。

4 月 18 日凌晨 3 时许，两家国家级检测中心——山西省食品质量安全监督检验院、山西出入境检验检疫局检验检疫技术中心出具了检验结果：送检样品检验结果符合国家标准要求，该 9 批次产品不会对人体健康造成危害。

4 月 28 日山西省质监局网站发出通告：认定媒体报道的"可口可乐(山西)饮料有限公司含氯软化水混入部分批次饮料产品"情况属实。同时还发现该公司存在个别生产条件不符合相关规定的问题。根据相关法律、法规规定，4 月 28 日，山西省质监局对可口可乐(山西)饮料有限公司做出了停产整改的行政处罚。

危机发生后，可口可乐请两家国家级检测中心——山西省食品质量安全监督检验院、山西出入境检验检疫局检验检疫技术中心对其产品进行检测。专家组认为：送检样品检验结果符合国家标准要求，不会对人体健康造成危害。然而 10 天之后，山西质监局又发布通告称媒体报道属实，前后矛盾的说法让人怎么相信"权威"？所以企业的权威认证原则不能自欺欺人，如果产品质量确实不存在问题，请权威认证；如果企业产品确实存在问题，就应主动承担责任，避免贻笑大方。

总之，如果企业在危机处理中能坚持以上原则，就会成为 V1，即"勇于承担责任者(Victim)"的形象。社会公众会认为你很负责任、会想尽办法解决问题并且让他们满意。相应地，他们会对你从轻处罚或抱怨，甚至还可以原谅企业，企业的知名度和美誉度都可能借此次事件而提升，危机会成为"契机"。

相反，如果企业不能在危机处理中坚持这些原则，企业很可能会被当作 V2，即"小丑和恶棍"(Villain)的形象。社会公众将认为你的行为和言辞避重就轻、不上心和不负责任。最终会导致雇员意志消沉、股东抗议、顾客投诉、管理层动荡等不良后果，因而损害企业的形象。

二、危机的管理与预防

每一年对中国企业的危机事件进行盘点都是一种残酷的回顾:各种各样的危机事件又使企业面临一场血与火的考验,许多企业辛辛苦苦建立起来的消费者信任、品牌信誉甚至是市场份额都可能面临崩溃。每一位管理者都痛恨危机,但危机的来临却不以任何人的意志为转移。西方管理格言一语成谶地告诉我们:危机就如死亡与税收,对于企业及组织来说,都是不可避免的。既然血与火的危机考验是不可避免的,那么企业管理者就必须抛下愤怒、无奈、哀伤,应以冷静、坚定的心态直视危机的来临,通过危机管理把一些潜在的危机消灭在萌芽状态,把必然发生的危机损失减少到最小程度。企业的危机管理主要包括如下几个方面。

1. 树立强烈的危机意识

企业进行危机管理应做到以下两点。

(1) 树立一种危机意识,培育企业员工面对激烈的市场竞争,具有危机感,将危机预防作为日常工作的组成部分。应对员工进行危机管理教育,教育员工认清危机的预防有赖于全体员工的共同努力。全员的危机意识能提高企业抵御危机的能力,有效地防止危机发生。在企业生产经营中,员工应时刻把与公众沟通放在首位,与社会各界保持良好的关系,以消除危机隐患。

(2) 开展危机管理培训。危机管理培训的目的与危机管理教育不同,它不仅在于进一步强化员工的危机意识,更重要的是让员工掌握危机管理知识,提高危机处理技能和面对危机的心理素质,从而提高整个企业的危机管理水平。

2. 建立预防危机的预警系统

任何一次地震来临之前,总会有一些小的征兆出现;每一次飓风来临之前,总会有一些风吹草动的动静提醒我们危险就要来临。回顾典型的企业危机事件,几乎都可以清晰地看到在每一次重大危机爆发之前,都有无数的征兆发生:富士康员工屡屡跳楼、惠普数以千计的消费者投诉、肯德基声势浩大的网络抗议等都预示着重大企业危机事件可能处于爆发的边缘。建立全面的危机监测体系,及时识别有损企业品牌声誉、消费者信任的危机信号,将危机之火扼杀在萌芽状态,这对于每一家企业来说都是至关重要的。

企业建立高度灵敏、准确的预警系统的核心是信息监测:随时搜集各方面的信息,及时加以分析和处理,把隐患消灭在萌芽状态。预防危机需要重点做好以下信息的收集与监测:①随时收集公众对产品的反馈信息,对可能引起危机的各种因素和表象进行严密的监测;②掌握行业信息,研究和调整企业的发展战略和经营方针;③研究竞争对手的现状、进行实力对比,做到知己知彼;④对监测到的信息进行鉴别、分类和分析,对未来可能发生的危机类型及其危害程度做出预测，并在必要时发出危机警报。危机预警系统可以最大限度地避免危机的发生或使危机造成的损害和影响尽可能减少到最小程度。

3. 建立危机管理机构

建立危机管理机构是企业危机管理有效进行的组织保证，是处理危机必不可少的组织环节，在日常危机管理中非常重要。成立危机管理机构是发达国家成功企业的成功经验，是顺利处理危机、协调各方面关系的组织保障。危机管理机构应在危机发生时做好准备工作，制定出危机处理工作程序，明确主管领导和成员职责。危机管理机构的具体组织形式，可以是独立的专职机构，也可以是一个跨部门的管理小组，还可以在企业战略管理部门设置专职人员。企业可以根据自身的规模以及可能发生的危机的性质和概率灵活决定采用哪一种方式。

4. 健全网络沟通平台

2014 年 1 月 16 日，中国互联网络信息中心(CNNIC)在北京发布第 33 次《中国互联网络发展状况统计报告》(以下简称《报告》)。《报告》显示，截至 2013 年 12 月，中国网民规模达 6.18 亿，互联网普及率为 45.8%，其中 2.7 亿人刷微博，1000 万人玩微信。在新媒体时代，几乎每一个企业危机事件的爆发、扩散、深化都与网络舆论息息相关。网络成为企业危机重要策源地之一。网络负面传播的影响力已经超越报纸、杂志、广播、电视等传统媒体，许多网络话题甚至反过来影响传统媒体的选题或报道。企业应加强对网络传播的研究、网络舆论的监控与防范。所以，健全网络沟通平台，是每一家企业进行危机管理时非常关键的工作之一。

搭建健全的网络沟通平台，主要借助微博、微信、MSN、QQ、博客、官网等网络媒体平台。这些平台应经常与社会公众进行沟通，以积累一定的"粉丝"，在发生企业危机后，利用这些平台影响粉丝的观点，进而通过粉丝这个第三方渠道传播企业利好信息，增加其公信力。例如，戴尔在 facebook 和 Twitter 上建立了官方账号，通过与公司粉丝日常交流培养粉丝的信赖感，甚至将自身品牌打造成意见领袖。在此种情况下，就算出现危机，粉丝大多会等待官方说法，不会盲目相信和传播网络上的负面信息。

5. 制订危机管理计划

企业应该根据可能发生的不同类型的危机制订一整套危机管理计划，明确防止危机爆发的预防措施，危机爆发后的应对方法等。事先拟订的危机管理计划应该囊括企业多方面的应酬预案。在计划中要重点体现危机的传播途径和解决办法。

进行危机管理的模拟训练。定期的模拟训练不仅可以提高危机管理小组的快速反应能力，强化危机管理意识，还可以检测已拟订的危机应变计划是否充实、可行。

三、危机的处理步骤

1. 进行危机确认

危机管理人员要做好日常的信息收集和分类管理，善于捕捉危机发生的准确信息，在出现危机后，尽快确认危机的类型，对危机进行归类，为有效的危机控制做好前期工作。

首先，危机发生后，危机管理机构应快速调查事件原因，弄清事实真相。尽快了解危机的 3W：我们知道了什么(What did we know)；我们什么时候知道的(When did we know about it)；我们对此做了什么(What did we do about it)。

寻求这些问题的答案和一个企业做出反应之间的时间，将决定这个反应是成功还是失败。如果一个企业对于它面临的危机认识太晚，或是反应太慢，以后如想更好地掌控全局会变得极为困难；如果不能迅速地完成 3W，它将会无力回天。对于企业管理者来说，信息真空是你最大的敌人，因为总有人会去填充它，尤其是竞争对手。尽可能把真实的、完整的情况公布于众，保证各部门信息的一致性，避免公众的各种无端猜疑。配合有关调查小组的调查，并做好应对有关部门和媒体的解释工作以及事故善后处理工作。速度是危机控制阶段的关键，决策要快速，行动要果断，力度要到位。

其次，企业应辨认危机影响的范围和影响的程度及后果。

2. 迅速拿出解决方案

危机对于任何一家企业来说都是重大的考验。面对危机的压力，每一位企业管理者都面临决策的风险；决策得当可以控制住危机之火的蔓延，决策失误可能给企业带来严重的后果。当危机来临之时，企业应冷静分析形势，权衡各方利益，在复杂的利益与情感的博弈中做出最正确的决断。

每次危机各不相同，企业应该针对具体问题，随时修正和充实危机处理对策。快速反应、真诚沟通、承担责任、公众利益至上是企业面对危机最好的策略。企业应迅速拿出负责任的解决方案。要想取得长远利益，公司在控制危机时就应更多地关注消费者的利益而不仅仅是公司的短期利益；应把公众的利益放在首位，尽量为受到危机影响的公众弥补损失，这样有利于维护企业形象。

3. 进行危机沟通

危机沟通是指以沟通为手段、解决危机为目的所进行的一连串化解危机与避免危机的行为和过程。危机沟通可以降低危机对企业的冲击，能将危机变成转机甚至商机。如果不进行危机沟通，则小危机可能变成大危机，对企业造成重创，甚至使企业就此消亡。

危机沟通包括两部分：一是危机事件中企业内部的沟通；二是企业与社会公众和利益相关者之间的沟通。一般来说，企业危机沟通的覆盖范围主要有：企业内部管理层和员工、直接消费者及客户、产业链上下游利益相关者、政府权威部门和行业组织、新闻媒体和社会公众五类群体。

在危机沟通中，企业应显示正确的 4R 态度：遗憾(Regret)、改革(Reform)、赔偿(Restitution)、恢复(Recovery)。与危机打交道，一个企业应表达遗憾、保证解决措施到位、防止未来相同事件发生并且提供赔偿，直到安全摆脱这场危机。企业应把 4R 当作一个过程来执行。

在危机沟通中，企业应掌握宣传报道的主动权。在网络化时代，企业可以采用三种方式来掌握主动权。

1) 发表危机声明

危机声明是企业在危机爆发后的即时反应，在网络化时代，一般最先出现在企业官方的微博或网站上。通过危机声明，企业表明立场和态度，说明情况和真相，并承诺采取相应的解决措施。企业应在危机爆发后的一个小时内发布企业声明，表明企业对危机事件的重视。但危机声明中措辞的恰当与否，则会引起不同的社会反响。媒体和社会公众在解读企业危机声明时是能动的，读者根据自身的主观感觉和立场，会对同一份声明进行不同的解读。

作为解决危机的策略宣言文件，危机声明措辞的好坏与否，关系到媒体和社会公众对企业的理解与接受程度。危机声明的段落结构要逻辑清晰，对词语运用要进行斟酌推敲。措辞优秀的声明会让社会真正接受企业的诚挚道歉，帮助企业度过危机；相反，一份措辞不当的声明可能会成为企业新一轮社会信任危机的燃点，令企业深陷危机漩涡不能自拔。

案例 5-9：麦当劳的成功危机声明

2012 年中央电视台"3·15"晚会批评麦当劳北京三里屯店存在严重违规操作的情况。事件曝光一小时后，麦当劳快速做出反应，在新浪官方微博上发表一份声明，如图 5-2 所示。

图 5-2　麦当劳新浪官方微博上发表的危机声明

麦当劳这份危机声明由四个部分组成。

第一部分，企业明确态度。"央视'3·15'晚会所报道的北京三里屯餐厅违规操作的情况，麦当劳中国对此非常重视"。三个关键词用词非常贴切：①特意指出"北京三里屯餐厅"即表明这一事件只发生在这一分店；②指出"违规操作"，而非麦当劳的模式有问题；③"非常重视"表明了公司态度。

第二部分，对危机事件进行定性及采取措施。"我们将就这一个别事件立即进行调查，坚决严肃处理，以实际行动向消费者表示歉意"。注意四个关键词：①个别事件，依然强调不是麦当劳模式的问题；②立即进行调查；③严肃处理；④表示歉意。

第三部分，说明自己将采取的行动。"我们将由此事深化管理，确保营运标准切实执行，为消费者提供安全、卫生的美食。"注意两个关键词：①深化管理，表示改革(Reform)；②确保营运标准切实执行，表示恢复(Recovery)。措辞巧妙，说明麦当劳的劳动标准没有问题，问题出在执行层面。

第四部分，企业承诺或态度。"欢迎和感谢政府相关部门、媒体及消费者对我们的监督。"

从麦当劳成功的危机声明中可看出，一份规范的危机声明通常由四部分构成：表明企业态度及立场、说明情况、解决的措施及企业承诺。理想的危机声明应充分表达企业 4R 态度。

企业的危机声明要避免推卸责任或逃避问题。声明不宜以理性辩解误会为出发点。对社会公众来说，无论结果如何，都是受害的一方。他们会本能地抗拒一切企业认为诚恳和有逻辑的说辞。而恰当的措辞，会让社会公众感觉到企业的诚恳态度，如图 5-3 所示。

图 5-3　麦当劳官方网站上发表网络危机声明

3 月 21 日，麦当劳的危机声明再次出现在麦当劳中国公司官方网页上，麦当劳的两次声明获得了大部分社会公众的认可，起到了较好挽回企业形象的作用。

项目五　企业形象危机

2) 召开新闻发布会

危机发生后,企业可通过召开新闻发布会,向社会公众告知危机发生的具体情况,解决问题的措施等内容。发布会的信息应该具体、准确,发言人应准备好随时接受媒体和有关公众的访问,以公众利益至上的原则解决问题。

召开新闻发布会最重要的是新闻发言人。新闻发言人好比是架起企业与社会公众之间的桥梁,他不是一个人在"战斗",他背后是一个训练有素的舆论引导和危机处理团队。企业在危机爆发后需要新闻发言人有针对性地公布实情、应对社会公众的质疑,新闻发言人扮演的是防火墙的角色。

(1) 新闻发言人的素质要求:①专业素养,应经过专业的新闻或公关培训,深刻了解新闻媒体的动作规律;②心理素养,包括心理的承受力、现场控制力和随机应变力;③形象素养,自信、诚信和气质。新闻发言人需与企业决策者进行充分沟通,正确把握企业立场,保证对态度、政策的准确解释。

(2) 新闻发言人发言二忌。

一忌态度暧昧:新闻发言人应对企业危机的利益相关各方的各类问题有清晰的把握,明确自己代表企业的发布意图,态度明确,不能模棱两可,要通过积极诚恳的对话对社会公众舆论进行疏导沟通,防止社会公众"误解"。如确有不知道的情况,宁可说不知道,也不可撒谎。因为当谎言被揭穿时,受骗的媒体会本能地产生一种报复的念头,加大向企业开炮的火力,容易火上浇油,使企业遭受更惨痛的损失。

二忌回避质疑:企业危机爆发后会引起社会公众的质疑,新闻发言人不应回避质疑。虽然没必要对全部事实和盘托出,但可以对事实进行有策略的披露,以诚恳的态度面对质疑,达到与社会公众进行有效的双向沟通,避免由于公众误解或信息传达失真而加重企业的信任危机。例如,2011年达芬奇家具造假事件,企业召开了新闻发布会,新闻发言人是老板潘庄秀华。她在新闻发布会上哭诉企业的创业史以博同情,不回应记者和消费者的质疑,加上有消费者闹场,使得整场新闻发布会成了火上浇油的闹剧。

(3) 优秀的新闻发言人总能充分表达企业对危机处理的 4R 的态度。新闻发言人发言的框架模式一般为:立场+事实(行动)+承诺。

首先是阐述立场,在立场阐述中,发言人应将人道主义关怀放在第一位,即应表现出企业对人、对事件的关注,应充分表达 4R 的遗憾(Regret)。

其次是表明行动,表现出企业对危机事件非常重视,表现企业的改革(Reform)与恢复(Recovery)的行为。

最后是承诺,以坚定的口吻表达如果造成损失,应承诺赔偿(Restitution)。

新闻发言人在发言和回应问题的过程中,应有尺度、有策略、有倾向性地对发言内容进行甄选,使得沟通与传播朝更加统一的方向靠拢。

3) 申请权威认证

企业如确信产品质量没有问题,可以借助权威性机构或权威人士的公信力化解企业危机。处理危机时，可申请权威机构认证或邀请权威人士辅助调查，以赢取社会公众的信任。

4. 危机善后

企业危机经过初步处理可以暂时度过难关，但如果后续工作做不到位，仍可能会导致危机再次爆发，企业应把危机作为契机，做好善后工作，防微杜渐，提高企业形象。危机的善后工作主要是消除危机遗留下的问题和影响。危机发生后，企业形象受到了影响，公众对企业会非常敏感，企业要靠一系列危机善后管理工作来挽回影响。

(1) 进行危机总结。对危机总结是对危机管理工作进行全面的评价，对预警系统的组织和工作程序、危机处理计划、危机决策等各方面的评价，要详尽地列出危机管理工作中存在的各种问题，总结经验、吸取教训，为以后企业发展中的危机管理工作提供借鉴。

(2) 对问题进行整顿。针对危机中暴露出的企业各种问题，管理者应对症下药，对问题进行整顿，提出改正措施，责成有关部门逐项落实，防止以后再发生同类的危机事件。

(3) 修正企业形象。无论什么原因引起的企业危机，都会给企业形象带来一定的负面影响，社会公众对企业会非常敏感。因此，企业应尽快重新树立企业在社会公众心目中的形象。只有企业形象重新树立起来后，危机才算真正结束。

企业修正形象要有针对性，包括投放企业形象广告、产品广告，推出全新的产品和服务等。例如，2008年始于三鹿集团的三聚氰胺事件，国产的奶制品企业(伊利、蒙牛、光明等企业)的产品均被检测出含有三聚氰胺。为了挽回企业的形象，伊利集团进行了企业形象修正活动。在全国范围内陆续开展一场恢复消费者信任的"放心奶大行动"。伊利集团用这样一个公开、透明的方式向社会证明：伊利集团已进一步完善质量检测、监督体系，为人们的健康生活提供真正安全、放心的乳制品。北京、内蒙古、上海、广州、成都、安徽、黑龙江和江苏等全国31个省、市、自治区的数万名消费者、数百名国内媒体记者、数十名境外媒体记者参与活动，在活动中亲眼见证了伊利在奶源管理、生产管理、质量管理等生产全过程开展的"放心奶工程"。伊利优质的奶源、严格的管理、先进的技术装备让到访者相信伊利这样的企业完全有能力为消费者提供安全放心的乳制品。

通过"放心奶大行动"，伊利集团证明了自己的实力和产品品质，赢得了广大消费者的信任，重新树立了良好的企业形象。与此同时，伊利集团还采取多种方式将安全生产的信息、流程送到了消费者身边，方便消费者接触。伊利在全国多个城市的核心商贸超市开辟专区推出了"放心奶粉安全月活动"，采用图文并茂的工厂生产过程虚拟参观及专职人员的现场讲解的方式，让消费者充分了解伊利控制奶粉的品质与安全的方法。两次活动受到消费者、相关机构和大众媒体的支持和欢迎，显著地提升了乳品市场氛围和消费者的信心。有效地修正了三聚氰胺事件带给伊利集团的负面形象问题，如图5-4所示。

总之，危机并不等同于企业失败，危机之中往往孕育着转机。危机管理是一门艺术，是企业发展战略中的一项长期规划。企业在不断谋求技术、市场、管理和组织制度等一系列创新的同时，应将危机管理创新放到重要的位置上。一个企业在危机管理上的成败能够显示出它的整体素质和综合实力。成功的企业不仅能够妥善处理危机，而且能够化危机为商机。

图 5-4　伊利集团"伊利放心奶大行动"的广告与内容

在这个透明化的时代，企业必须具有强烈的危机管理意识。媒体对领导性企业的监督力量也是空前巨大的，企业将面临比以往更加巨大的透明化的压力——这要求领导企业必须更注重信息沟通、情感交流、价值分享。在媒体沟通方面，必须将自身从封闭走向开放，从对抗走向对话，从抗拒走向合作，真正成为一家将社会利益、公众利益与企业利益相融合的公民企业，以良好的企业美誉度去构筑成企业的危机防范天盾。

【知识拓展5-1】

预防危机的精髓

危机管理虽可以有效地预防危机，甚至较好地转"危机"为"契机"，但危机管理不是万能的，企业化解危机的根本之道是诚信经营。

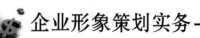

诚信是中华民族传统美德，也是企业的道德基础。伟大的商业游戏需要伟大的诚信，伟大的诚信造就伟大的商业和商人。经商的最高理念、最高规则、最高能力和最高境界是坚持诚信、至诚至信。做大做强企业的成功法则和制胜之道，也是如此。

诚实守信适用于各行各业，对于每一个企业来说，都应遵纪守法、合法经营、重合同、守信用，杜绝缺斤少两、偷工减料、制假售假、坑蒙拐骗等不道德行为。企业诚信是企业在市场经济中取得成功的基础。

诚信是企业的"金字招牌"，企业在日常经营活动中，要善于实现对消费者、所有与之打交道的客户及社会公众所作的承诺。为社会提供优质产品和服务，坚持诚信是企业生存的王道。

课 堂 讨 论

1. 请搜集新近发生的企业危机事件。
2. 请讨论这些企业应对危机的方法。

项 目 总 结

本项目主要介绍企业形象危机的相关内容，分为两个任务。

任务一明确了企业危机的相关内容，总结了企业危机的特征，即突发性、难以预测性、严重的危害性、舆论的关注性。对引发企业危机的根源进行了总结，并介绍了企业面临的七种危机：信誉危机、经营管理危机、灾难危机、财务危机、法律危机、人才危机、媒介危机。

任务二介绍了处理企业危机的方法。①确定了危机处理的原则，即速度第一原则、真诚沟通原则、承担责任和权威证实原则；②对危机的管理与预防进行了介绍；③重点介绍了危机的处理步骤：包括先对危机进行准确的确认，然后迅速拿出解决方案，并进行危机沟通；④对危机的善后工作进行了梳理，包括对危机进行总结、对存在的问题进行整顿并及时修正企业的负面形象。

项 目 测 试

一、填空题

1. 企业危机的特征_____、_____、_____、_____。

2. 引发企业危机的根源主要有：_____、_____、_____、_____、_____、_____。

二、思考题

1. 企业进行危机处理的原则是什么？
2. 企业应怎样进行危机的管理与预防？
3. 企业应怎样进行危机的善后？

三、项目实训题

请查找您身边发生的企业危机案例，并分析企业的处理方法。

项目六

CIS 导入及广域 CIS

【知识目标】

(1) 掌握 CIS 导入的方法。
(2) 了解广域 CIS 尤其是城市 CIS 的内容。

【技能目标】

能提出导入 CIS 的基本方案。

企业形象策划实务

项目导入

1. 米赫尔·海姆·阿姆迈因

德国城市米赫尔·海姆·阿姆迈因(Mihhail heim Eminem main)城市进行 CIS 设计(见图 6-1),它是德国黑森州的一个市镇,总面积 20.67 平方公里,总人口 27 058 人。CIS 的应用不仅塑造了该城市独特的城市形象,还充分体现了该城市的诉求,推动了文化产业的发展,提升了城市综合竞争力,带动城市的发展繁荣。

图 6-1 德国米赫尔·海姆·阿姆迈因城市 CIS

2. 列克星敦(Lexington),美国肯塔基州中部城市,举世闻名的"世界赛马之都"。1779年建镇,1832年建市。列克星敦是烟草种植业和良种马饲养业的贸易中心。那里有450家纯血马马场,其中最为著名的Keeneland马场,除举办赛马比赛,还有一年一度的Keeneland纯血马拍卖大会。如图6-2所示。

图6-2 列克星敦城市的旧、新标志

列克星顿原先使用的城市形象是在2009年,为迎接2010年在列克星顿的赛马公园(Horse Park)举办的"世界马术大会"时,由著名品牌设计公司Pentagram设计的,并且推出了以列克星顿著名画家Edward Troye于1868年创作的油画"蓝马"为蓝本的城市吉祥物。2013年左右,列克星顿旅游局推出名为"VisitLEX"的全新的城市形象,新形象取得了Edward Troye作品方的授权,将直接使用这匹"蓝马"作为城市的形象标志。列克星敦成功地塑造了全新的城市形象。CIS的应用不仅塑造了该城市独特的城市形象,还充分体现了该城市的诉求,推动了文化产业的发展,提升了城市综合竞争力,带动城市的发展繁荣。

CIS在企业界已得到广泛应用,现今CIS已跨越出企业的界限,被很多领域引进与导入,CIS该如何导入以及还应用在哪些领域?

任务一 CIS 导入

任务导入

成立于2010年4月的小米公司,是一家专注于高端智能手机自主研发的移动互联网公司。公司旗下三大核心业务是小米手机、MIUI、米聊。小米公司一成立就导入CIS,建立了企业理念识别系统、视觉识别系统和行为识别系统,塑造了良好的企业形象。

实施 CIS 是一项系统工程,是一次从物质层面到精神层面对企业的形象系统进行调整或再创造的过程。它需要企业领导的重视和全体员工的积极参与。虽然每个企业在不同的发展进程和发展阶段面对的重点问题都不同,但对于大多数企业来说,越早导入 CIS 越有利于企业的发展与壮大。

那么,企业应在什么时候导入 CIS 更合适呢?

一、导入 CIS 的时机

每家企业因发展状况和经营范围不同,所面临的经营问题不同,所以导入 CIS(Corporate Identity System,企业识别系统)的时机也不尽相同。

1. 企业成立

新建企业一成立就导入 CIS,就能以一种新颖性、系列性、独特性的企业形象出现在社会公众面前。由于是新企业,没有受传统影响,没有陈规陋习的束缚,因而可以设定最佳的企业经营理念与信息传播系统,以完美、完整的企业形象带动企业商品销售,迅速占领市场,站稳脚跟。所以,企业新成立,建成开业是导入 CIS 的最佳时机。

案例 6-1:小米公司的 CIS 导入

小米公司在企业建立时,就很明智地进行了独特的企业形象建设,导入 CIS。

1. 小米的企业理念识别系统

企业形象口号: Mission Impossible(小米要完成不能完成的任务)。

企业精神:自由(Freedom)、创新(Creativity)、极客(Geek)、团队(Team)。

企业产品理念:为发烧而生。小米每周升级一次操作系统,让用户觉得小米手机用起来是活的,让用户体会到小米是一个真正用心做产品的团队,从而带给用户更大的传播信心和动力。

2. 小米的视觉识别系统

(1) 标志:小米的标志是一个"MI"形,是 Mobile Internet 的缩写,代表小米是一家移动互联网公司。小米的标志倒过来是一个心字,少一个点,意味着小米要让用户省一点心,如图 6-3 所示。

(2) 标准色:小米公司的标准色是橙色(与标志同一颜色,代表小米的活力、创造力、竞争力)。小米在对内、对外展示的宣传资料中,公司重复地强化这种颜色的视觉感受。

(3) 吉祥物:小米公司的吉祥物是米兔——带有雷锋帽的兔子形象,如图 6-3 所示。

3. 小米的行为系统

项目六 CIS 导入及广域 CIS

小米的行为系统突出小米团队的特色，即小米人主要由来自微软、谷歌、金山、MOTO 等国内外 IT 公司的资深员工组成，小米人都喜欢创新、快速的互联网文化。小米公司首创了用互联网模式开发手机操作系统。小米拒绝平庸，小米人任何时候都能让你感受到他们的创意。在小米团队中，没有冗长无聊的会议和流程，每一位小米人都在平等、轻松的伙伴式工作氛围中，享受与技术、产品、设计等各领域顶尖人才共同创业成长的快意。小米人都富有激情，且有很强的极客精神；小米人虽来自多家 IT 公司，但内部团结友爱。如图 6-4 所示为小米的视觉应用与团队。

图 6-3 小米的标志与吉祥物

图 6-4 小米的视觉应用与团队

2. 企业创立纪念日

有些企业会随着时代的变迁、企业不断成长，利用创立纪念日，导入新 CIS。新 CIS 赋予企业原有理念以新内涵，使企业朝着更为长远的经营目标迈进。创业周年的纪念日，对企业而言是个意义重大的时机。周年纪念既能肯定企业所走过的成长历程，又能肯定外界对企业所抱有的信任与好感，此时导入 CIS，可使企业迈向更高、更长远的目标。一般来说，创立周年纪念活动在周年为"5"的倍数时举行会显得更为庄重、热烈，更具有历史意义，导入 CIS 的新闻发布会也宜在周年纪念日当天举行，可使前来祝贺的与会嘉宾和社会公众加深对企业的印象，增加信任感。

例如，美孚石油公司于 1966 年在公司创建 100 周年导入 CIS，将 1866 年成立的真空油公司改名为美孚石油公司，成功地塑造了美孚石油公司的新形象，如图 6-5 所示。

图 6-5　美孚石油公司标志

3. 企业产权重组

在市场经济环境中，企业兼并或重组会经常发生。兼并或重组会使企业丧失原有的身份、形象。兼并或重组后的企业不宜再使用旧企业的识别标志，通常采用新标志，以利于企业新形象的树立。企业兼并或重组后，会给社会公众和社会环境带来影响，此时导入 CIS，可让社会公众重新了解企业，乐于购买企业产品。而随着世界经济的发展，世界上许多企业通过合资、合作的形式进入了集团化经营的行列，在合作中，这些企业本身的企业形象系统也会发生改变，也需要重新导入 CIS。

例如，1999 年 11 月 30 日，美孚石油和艾克森石油合并为艾克森美孚公司，成为世界第一大石油公司。合并后，企业重新对 CIS 进行了设计与导入，确立了艾克森美孚公司的新形象，如图 6-6 所示。

图 6-6　艾克森美孚公司

4. 开拓国际化经营

随着中国经济的发展，中国企业的壮大，越来越多的中国企业走向世界。企业将眼光瞄向国际市场，开拓国际化经营时，其原来针对国内市场的 CIS，往往不能适应国际市场经营的需要，为了考虑国际形象的新需要，企业可借助于导入新的 CIS，修正原有的企业形象，以便建立适合全球大多数消费者审美观念的企业形象。

例如，联想集团随着业务版图的扩大走向国际化经营，但在国际上，由于联想的英文名称"Legend"在国外已被注册，使联想在国际业务拓展方面屡屡受阻，因此需联想进行新的 CIS 导入。2003 年 4 月 1 日公司变更其英文企业名称，宣布启用新标识，已使用了 19 年的英文标识"Legend"被新的"lenovo"所代替。启用的英文新标识"lenovo"中"le"取自原先的"Legend"，承继"传奇"之意；"novo"则代表创新意味。联想集团 CEO 杨元庆表示，"国际化是联想两代人的理想，迈向国际化是我们一定要做的，做国际化会有很大风险，我们已经做好了思想准备，希望稳健地推进，今天新标识的发布只是第一步。"联想集团在开拓国际化经营中改变了企业标志导入新的 CIS，成功地塑造了集团新的国际企业形象，新旧标志如图 6-7 所示。

图 6-7　联想旧、新标志

5. 经营环境变化

企业经营环境发生变化时，企业也需要重新塑造自身的企业形象，重新导入 CIS。经营环境的变化分为三种。

(1) 当企业形象经过了数十年的发展，尤其是高科技企业，企业形象会发生陈旧老化，缺乏时代感的现象。此时，企业可通过重新导入 CIS，调整企业理念，建立行为规范，树立一个新的企业形象。

(2) 当企业经营不善、业绩不佳时，企业进入每况愈下的境地，社会公众开始遗忘该企业。此时，应从企业 CIS 的三个层面上同时展开设计，整顿企业管理制度，确立新的企业理念，以新的企业理念规范员工的言行，重塑企业形象。

(3) 当企业发生恶性危机事件，使企业形象受到严重损害时，为了清除企业在社会公众心中的阴影，树立安全、可信的新形象，可重新导入 CIS，以全新的企业形象出现在公众面前。

例如，伊利集团的企业形象升级就是因为企业的经营环境发生了变化。随着企业的发展，伊利集团企业实力得到全面提升：构筑起了殷实的奶源、完善的产业布局和均衡的产品线，集团开始迈向国际市场。同时，当前全球崇尚绿色、低碳的经济，伊利集团为了既符合公司走向国际市场又符合全球崇尚绿色、低碳经济的经营环境变化的需求，2013 年，集团对企业形象进行升级改造，既更新了企业标志又更改了企业理念。新标志既有对草原文化的继承与发扬，也有与时俱进的开拓与创新。"滋养生命活力"是伊利集团新企业形象口号，意味着以丰富营养的产品，带来健康的提升，让全家人充满生命活力。

伊利希望用高品质的牛奶每天点点滴滴的滋润,让消费者充满生命活力,开启精彩生活,体验生命之美。伊利集团希望在未来不仅是健康食品的提供者,也是健康生活方式的提倡者。

二、导入 CIS 的程序

导入 CIS 的程序会因企业的发展状况不同、经营范围不同、所面临的经营问题不同而有不同的区别,所以不同企业导入的程序不尽相同,但大体导入的基本程序如下。

1. 确定企业形象计划目标

企业的经营决策者根据市场环境条件、企业的发展现状,确定本企业的形象现状,由此确认导入 CIS 的战略时机,并提出 CIS 的计划设想,主要有以下两点要做。

(1) 确定企业形象导入企划书。企划书的主要内容包括企业导入 CIS 的理由、时机和背景,CIS 的初步计划。

(2) 与委托机构签订合同。与委托机构签订合同时,要与对方企业的设计人员进行充分的沟通,对 CIS 设计的内容、要求、价格及完成日期等具体项目进行洽谈与商定。

2. 成立企业形象策划小组

企业形象策划小组由企业内部的形象管理委员会和外部的专业策划公司共同组成。

(1) 企业内部的形象管理委员会在酝酿、设计导入 CIS 时成立。委员会负责整个 CIS 计划的方向性、政策性工作,肩负着为外部专业策划公司提供企业相关资料,与外部专业策划机构进行沟通、分析和策划;经费的预算、把握时间进度及有关部门的联络工作;参与整个 CIS 的策划沟通工作及后续的员工培训、组织开展 CIS 战略的实施等工作。委员会成员由企业最高层领导、企业各部门的经理及专业员工等人员构成。企业最高层领导是企业的决策人员,CIS 的策划与实施需要依靠他们来提供人力、物力、财力以及决策的保障。各部门经理的参加可以更好地提供企业形象系统策划所需要的信息。

(2)在现代社会,企业形象的设计工作大多数由专业的设计公司来做。它首先与企业内部的形象管理委员会进行充分的沟通,了解企业的基本现状;其次对企业形象进行内外调查。在调查的基础上再进行设计策划,包括企业理念的提炼、视觉系统的设计和行为识别系统的确定、定型等一系列工作。

3. CIS 调查

CIS 调查是为了了解企业的形象现况、外界对企业的形象认知,从中确认企业实际在社会公众心目中的形象认知状况。调查围绕企业形象及其因素展开,主要了解企业的历史与现状、企业的优势与劣势,考察企业有哪些可开发的资源,以摸清企业实态与内部期望的差距,以便根据此差距通过 CIS 设计后加以调整。调查必须要客观、真实地进行,才能为后续的设计策划工作提供较完备的基础信息，不能为了某种目的去找证据。根据 CIS 的三个系统搜集信息，主要包括三个方面的内容。

(1) 企业内部信息调查。企业内部信息调查包括企业的发展历程与现状，企业已存在的文化现状、问题及今后的发展趋势；企业目前的经营方针和营销现状；企业经营者的风格、气质和战略思路；企业的整体实力和员工的凝聚力；新产品的研发能力；产品定位；社会公益活动及现用的视觉要素在使用中的问题等。

(2) 企业外在形象现状调查。企业外在形象现状调查主要指企业的知名度和美誉度调查，也包括企业目标消费群体的需求等相关信息。

(3) 企业竞争对手调查。主要调查在同行业中主要竞争对手、次要竞争对手的 CIS(MIS、VIS 和 BIS)实施的相关信息，以确保设计得有特色及不出现雷同现象。

企业只有做了调查，才能有设计权。美国的企业形象专家丹尼斯•威尔科克斯(Dennis Wilcocks)曾指出："调查是听取意见的形式，在进行任何一个企业形象活动之前，必须收集资料、数据和事实证据。只有先采取企业形象调查，一个机构才能开始筹划决策和战略以开展有效的信息交流项目。"CIS 调查阶段的关键是使情报"具体化"，做到心中有数。

4．定位企业形象

企业形象定位是指要根据同行业的竞争情况以及企业的优势条件，确定企业在目标市场上的竞争形象。换言之，就是要在目标市场消费者的心目中为企业创造特色与个性特征，赋予企业一个鲜明的个性，以便于消费者与社会公众识别，适应他们的需要与爱好。企业形象的定位要考虑行业、企业的特点，竞争对手的企业形象定位及社会公众的审美需求。

5．设计 CIS

CIS 设计以调查与形象定位为基础，对企业现状、形象认知度及未来的企业形象和识别问题等进行充分研究并作出结论。根据 CIS 的内容，CIS 的设计主要包括理念识别、视觉识别和行为识别系统的设计。

在三个系统设计完成后，应将这些规则汇总、形成 CIS 手册。CIS 手册也分为理念识别、视觉识别和行为识别系统三部分。其内容应通俗易懂，不让人产生误解，尤其是对视觉系统的设计，对每一项设计的规格、色彩、材质、工艺及特殊要求等都要做详细的规定，以防止企业形象的混乱，可以单独形成一个 VI 手册，内容包括基础要素系统和应用要素系统两大部分。

6．执行推广 CIS

这一阶段是将 CIS 设计的全部方案变为现实的阶段，关键是使之行为化。

(1) 要对视觉识别系统的基础要素内容(如标志、标准字、吉祥物等)在工商行政部门进行注册。

(2) 设计 CIS 的信息传播方案，确定对 CIS 的企业理念、企业视觉、行为识别系统等信息向企业内、外部公众进行宣传的方法，并进行信息发布，广而告之。

CIS 计划的发布时间一般选择在企业成立日、集团公司成立日或企业创立纪念日。为取得较大的新闻效果，在发布前应注意保密，一切准备就绪后举行专门的新闻发布会，以制造新闻，使知名度影响最大化。

(3) 对内应对企业全体干部、员工进行教育培训，培养企业员工统一化的企业理念与行为规范，并对企业视觉识别系统进行认知。

(4) 对外进行全面推广。一方面，通过新闻发布会、网络平台、广告等不同手段进行企业形象的传播；另一方面，将 MIS、VIS 识别统一化运用到企业的相应领域，将 BIS 行为统一化活动搞起来，贯彻执行。

7. 监督和评估

在企业导入、实施 CIS 以后，在具体实施过程中可能会出现一些具体问题，应及时向企业形象管理委员会进行汇报，随时修正，调整相关的做法，确保企业形象符合预先设定的形象概念。

为了了解企业形象系统是否达到预期目标，要通过日常监督评估，以确保设计方案较好的推广，促进企业内、外公众的认同，及时发现问题并核对修正。企业形象管理委员会应对 CIS 的执行、推广情况进行监督，定期评估，并进行效益统计，提出改进方案。

任务二　广域 CIS

任务导入

20 世纪 70 年代，纽约市会议观光局聘请专家设计出纽约市标志"大苹果"和宣传口号"I love NY"，热情的红色赋予了纽约这座城市鲜明的个性，成功塑造了纽约的城市形象。后来更多的城市开始将"企业形象设计"的先进理念引申付诸到城市形象设计中来。

"我爱纽约"（I Love NY）最初是美国纽约州（New York State，并不是 New York City）的旅游广告词和标志，后来被用作为纽约市的标志。

"9·11"事件之后，I Love NY 被赋予更深的含义。"我从未如此深爱着纽约"，醒目的红心左侧出现了一小块黑色，代表着被毁的世贸大厦，如图 6-8 所示。正是这个理念，支持着广大纽约市民，也正是从那时开始，I Love NY 成为美国大众文化的一部分，它甚至还出现在了平时最常见的棉布 T 恤上。

1977 年，纽约城市标志出现后，很多餐馆、旅店、装饰品店购买纽约城标的使用权，由此带来了巨大的财富。城市标志还出现在纽约的各大宣传活动中。今天这个标志已经超越了广告的范畴，成为一种流行的图案，取得了非凡的效果。

纽约市的城标设计属于广域 CIS。那么，到底什么是广域 CIS 呢？

图 6-8　纽约的城市理念和城市标志"大苹果"

CIS 的应有范围很广，已不局限于企业，在很多领域都得到广泛应用。广域 CIS 中的"C"不单单指 Corporate(企业)，也包括：Community(社会团体)、City(城市)和 Country(国家)。广域 CIS 是指通过一系列的同一化、标准化、个性化的设计与运作，来塑造社会团体、城市和国家的形象。本书重点介绍社会团体和城市 CIS。

一、社会团体 CIS

此处的社会团体是广义的，也指社会组织。在国际上，由于各国在文化传统和语言习惯方面存在着不同，社会团体在不同的国家和地区有多种不同的称谓，如非政府组织、非营利组织、志愿者组织、慈善组织等。社会团体 CIS 也包括理念、视觉和行为三部分。

大多数的社会团体组织(如非政府组织、非营利组织、志愿者组织，慈善组织等)都有自己团体组织的形象识别系统。

如图 6-9 所示，一般较正规的社会团体都进行了 CIS 设计，拥有自己的标志。

图 6-9　联合国、国际货币基金组织、世界贸易组织和世界卫生组织的标志

案例 6-2：国际奥林匹克委员会的 CIS

例如，国际奥林匹克委员会(简称国际奥委会，International Olympic Committee)是一个非政府、非营利的国际体育组织，总部位于瑞士的洛桑。由法国人皮埃尔·德·顾拜旦(Lebaron Pierre DE Coubertin，1863—1937)于 1894 年 6 月 23 日建立。它组织举办奥林匹克运动会(简称奥运会)、青年奥林匹克运动会、冬季奥林匹克运动会(简称冬奥会)、残疾人奥林匹克运动会。它组织的首届夏季奥林匹克运动会于 1896 年在希腊雅典举行，首届冬奥会于 1924 年在法国霞慕尼举行。

1. 理念系统

(1) 奥林匹克的宗旨。国际奥委会依照《奥林匹克宪章》领导奥林匹克运动，其宗旨是：鼓励组织和发展体育运动和体育竞赛；在奥林匹克思想指导下，鼓舞和领导体育运动，从而促进和加强各国运动员之间的友谊；保证按期举办奥运会。

(2) 奥林匹克的口号。奥林匹克的口号是："更快(Citius)、更高(Altius)、更强(Fortius)"。

(3) 奥林匹克精神。在奥林匹克运动语境中，"奥林匹克精神"有专门的含义。国际奥委会在《奥林匹克宪章》中的"奥林匹克主义的原则"条款中有一段话："每一个人都应享有从事体育运动的可能性，而不受任何形式的歧视，并体现相互理解、友谊、团结和公平竞争的奥林匹克精神。"显然，《奥林匹克宪章》赋予奥林匹克精神的内容是"相互理解、友谊长久、团结一致和公平竞争"。

奥林匹克精神对奥林匹克运动具有十分重要的指导作用。①奥林匹克精神强调对文化差异的公正对待和理解；②奥林匹克精神强调竞技运动的公平与公正。奥林匹克精神是一种"更快、更强、更高"的自我挑战精神，同时它也是公平、公正、平等、自由的体育竞技精神。奥林匹克包含的这种自我挑战精神和公平竞争精神构成了当代人类自我完善和社会交往的基石。

2. 视觉系统

国际奥委会的视觉系统主要体现在标志与标准色上。

(1) 标志："奥林匹克五环"，它是奥林匹克运动的象征，是国际奥委会的专用标志，五个环象征五大洲的团结，全世界的运动员以公正、坦率的比赛和友好的精神，在奥运会上相见。

(2) 标准色：奥林匹克五环颜色。五环的颜色自左至右为蓝、黄、黑、绿、红(也可用单色绘制)。最初的颜色设定是顾拜旦因它们能概括各会员国国旗的颜色而选定，如图 6-10 所示。

每届奥运会都会在国际奥委会专用标志的基础上设计出有自己的标志与吉祥物，如图 6-11、图 6-12 所示。

图 6-10　国际奥委会标志

图 6-11　1984—2012 年夏季奥运会标志

图 6-12　2000—2012 年夏季奥运会吉祥物

2014年俄罗斯索契冬奥会的标志与吉祥物是北极熊、雪豹和兔子。如图 6-13 所示。

图 6-13 2014年俄罗斯索契冬奥会的标志与吉祥物

3. 行为系统

国际奥委会的行为系统包括章程、竞赛规则等相关规定。《奥林匹克宪章》亦称奥林匹克章程或规则，是国际奥委会为奥林匹克运动发展而制订的总章程。第一部章程的倡议和制订者是顾拜旦，1894 年 6 月在巴黎国际体育会议上正式通过，主要内容是奥林匹克运动的基本宗旨、原则以及举行奥运会的有关事宜。数十年来，该宪章曾被多次修改与补充，但由顾拜旦制订的基本原则和精神未变。

二、城市 CIS

塑造城市形象最科学、最便捷的方法就是对城市整体包装，即导入城市 CIS。城市 CIS 即城市形象识别系统，主要用于打造城市形象，以提高现代城市发展的品牌竞争力，包括城市 MIS(理念识别系统)、城市 VIS(视觉识别系统)和城市 BIS(行为识别系统)三个系统。通过使用可视化的设计手段，通过造型和特定的符号等表现手法，将城市的理念、观念、特征、风格等内容塑造成统一的城市形象。如果把城市 CIS 比作一棵树，那么 MIS 就是根、BIS 是茎和叶、而 VIS 则是花。

城市 CIS 可以发挥城市优势、突出城市特色，可以提高市民对城市的归属感和自豪感，可以提高城市的社会知名度、美誉度和城市的核心竞争力。

在众多欧美发达国家的城市里，对城市形象识别系统的设计十分关注，如纽约、巴黎、阿姆斯特丹等。中国城市导入 CIS 有利于我国城市参与世界城市文化形象的竞争，提高城市知名度，增强城市竞争力。城市 CIS 系统的塑造包括城市资源调查、城市定位、确定城市理念、设计城市视觉系统、规范城市行为系统和城市 CIS 的推广六个步骤。

1. 城市资源调查

1) 人文因素

人文因素包括历史因素和文化因素两大类。历史因素中有时代因素、民族因素、地域因素，这些因素比较稳定，不经常变化。文化因素属于意识形态方面的、非物质技术方面内容的范畴，如制度(如礼制)、宗族，艺术方面的小说、诗歌、绘画、音乐、戏曲、雕刻、装饰、装修、服饰、图案等都属于文化范畴。

每一个城市都有它的特点，都有特色的文化成就和艺术特色，这些成为该城市的精神性力量，如凤凰城的吊脚楼、成都的盖碗茶、火锅、川剧等展现出来的休闲文化等。每个城市各自的独特文化赋予了城市不同的性格，若没有这种地域性文化、民俗文化的承袭，人类社会在历史长河中的形态便不会呈现出现实的多姿多彩。地域文化、民俗文化以其顽强的生命力，以各种艺术形式在城市里得到了延续和流传。

例如，重庆具有独特的历史渊源、深厚的文化底蕴，诸多遗迹、轶事，使它拥有独特的人文景观。重庆的得名来自于"双重喜庆"，这便赋予了重庆浓厚的喜庆文化，这是重庆所独有的人文因素。基于以上人文因素，重庆城市定位为——国家历史文化名城，双喜之都，魅力之城。重庆市标志如图6-14所示，充分展现了城市的人本理念。城市标志以"双重喜庆"为创作主题，将两个欢乐喜悦的"人"重叠成一个"庆"字。上面一个人是红色，下面一个人是橙色，巧妙地道出重庆名称的历史由来。标志以"人"为主要视觉元素，展现了重庆人"广"、"大"的开阔胸怀和"双人成庆"的城市典故，表达祝愿美好吉祥的寓意。从整体来看，该城市标志又如两人携手并进、迎向未来，蕴含政府与人民心手相连、共谋重庆发展的内涵。城市标准色红色象征以红岩精神为代表的刚强，体现了重庆人的热情；橙色象征新重庆的年轻朝气，代表了城市时尚。重庆的城市标志以巴渝文化历史渊源和精神内涵为设计元素，展示了重庆人勇于奉献的爱国精神、百折不挠的英雄气概，兼容开放的宽广胸怀。

2) 自然环境

调查城市的自然环境，通过对城市地域自然条件的挖掘，找出城市的地域个性。一般以两种方式来挖掘城市的自然地域个性：①根据不同地区，气候、地形、自然景观的差异性来挖掘地域特色；②以自然生态环境改造方式的差异性来挖掘不同的地域特色。

例如，山东济南在调查本城地域特色后，在城市地域特色的基础上推出了"山泉河湖城"的城市形象。根据城市的这一定位，城市标志的设计概念利用源于本城"泉水"自然生态符号特点，使城标整体造型活泼、奔放，气韵生动，充满泉水的韵律感。活泼的人形和泉水、河流的完美融合，体现"家家泉水，户户垂柳"的地域特色，反映了人与自然的和谐统一，将泉城的生态符号展现得淋漓尽致，表现了济南充满现代节奏的时尚气息，传递出城市济南一种和谐质朴的生活方式，如图6-15所示。

3) 经济因素

调查经济因素是为了从当地经济发展及产业结构中挖掘城市特色。在现代城市形象设计中，提倡因地制宜，反对一味地追求"技术至上"，应根据本城市的经济技术条件，发挥创造力，创造富有地域特色的城市形象。

图 6-14　重庆城市标志

图 6-15　济南城市标志

例如，景德镇城市形象的塑造定位就来自于它的经济因素。景德镇自古以来都是中国的瓷器制造重地，因此景德镇城市形象来源于这一重要的经济因素，城市形象定位为：中国瓷都。2012 年 12 月，景德镇市委、市政府召开新闻发布会，正式对外公布"景德镇精神"的宣传口号——"大器成景　厚德立镇"，"器"字突出了景德镇是以瓷器而闻名天下的城市，并将"景德镇"三字浑然天成而又形神兼备地嵌入其中。宣传口号既特色鲜明，又寓意深刻、导向鲜明，彰显了景德镇厚重的陶瓷文化和深远的历史影响。它的城市标志采用陶瓷碎片组织的一系列图案，具有明显的地域特色，构筑了景德镇城市的独特城市形象。城市标志如图 6-16 所示。

图 6-16　景德镇的城市标志

城市的资源调查不仅包括对本地城市进行资源调查，也要搜集其他著名城市及同等级别城市的形象建设方面的资料，既可以借鉴使用，也可以避免雷同。

2. 城市定位

城市定位是在对城市人文、自然、经济三方面调查的基础上，从这三方面错综复杂的对象中抽取其中的特色并概念化。城市定位要能综合反映出城市的地域性、文化性与时代性特征，地域、文化和时代三者充分结合，才能充分地表现城市脉络，体现城市的时空意义，才能塑造出鲜明的城市形象。

城市的特色是在城市的发展过程中形成的，是城市极富价值和竞争力的个性所在，具有稀缺性。城市形象定位必须维护好城市的特色，突出城市特色。城市定位的方法一般有以下几种。

(1) 领先地位法，例如"天下第一瀑"的定位。又如广西龙脊梯田被誉为"世界梯田之最"。

(2) 比附地位法，例如"塞上江南"、"东方巴黎"。

(3) 逆向定位，例如番禺全力打造"夜晚野生动物园"。

(4) 导向定位，例如澳门旅游业"世界赌城"的形象。

(5) 多头定位法，如北京市的旅游形象定位就同时有国际和国内两个不同的定位。针对国内，北京是首都，全国政治、商务、文化等各项交流活动的中心，是全国旅游的中心地及中转地；针对国外，北京为"东方古都·长城故乡"。

城市形象无论采取何种方式定位，都要求准确定位，突出特色。准确的定位是关键，突出特色是重点，只有个性鲜明、独树一帜才足以吸引社会公众的注意力和关注度。"江南水乡鱼米之乡"一词，被长江以南的许多城市所采用，甚至北至淮河一带都可称为"江南水乡"。然而，做到唯一，却是众多江南城市所面临的难题。"魅力之都"可以被用在每一个大城市的定位上，但到底什么是魅力呢？又有怎样的独特魅力呢？选用这些词定位的城市却没有解释好。每一座城市都有自己独特的文化历史内涵、地理风貌、人文特色及时代精神，城市形象设计者能否把握并突出城市特色，是城市形象定位成功与否的一个决定性因素。因此城市形象设计者要充分认识到城市特色的可贵，在城市形象定位中不能盲目仿效其他城市，而应以特色为旗帜，对城市的环境、历史地域条件、产业以及民俗等特质作深入的研究，有所侧重地显示出强烈且鲜明的城市风格。挖掘潜在因素，准确找到定位，创作出属于自己的城市形象。

案例 6-3：英格兰的林肯城市形象塑造

林肯(Lincoln)在行政区域上隶属于林肯郡，位于英格兰东部，已有近 2000 年的历史，是英国最古老的历史名城之一。城市面积约 35.69 平方公里。2000 年的悠久历史造就了林肯市丰富的文化气息，其中具有歌德式建筑风格的林肯大教堂已愈 900 年历史，城里还有多处古城及其他遗址。同时，林肯市又是一座现代化的都市。与该市悠久的历史及丰富的内涵相比，林肯一直缺乏一个鲜明的城市形象，使其在宣传上造成很多模糊及定位的不清晰。

设计公司在城市设计初期，实地调查访问了超过五百名当地居民、游客及其他人员，以寻找这座城市的定位。他们向这些面谈的人员主要询问了"是什么原因使得人们要来林肯参观"、"来到这里时有什么东西对你来说是最重要的"、"你如何形容这座城市"及"来到这里后你的所见所闻是否超出了你的期望"等问题。通过这些面谈调查研究结果，设计公司最终定下了林肯城市的核心品牌价值：一座古老与现代相互交织的城市——它既是一座古老的城市，也是一座现代化的都市。

城市标志"四片鸢尾花形"出现在大教堂、文化、时尚购物街及主要名胜 Brayford，鸢尾花形象同时也可以在当地的大学及市政厅的一些徽章中看到，如图 6-17 所示。图案中的剑传达出了城堡的气息，但同时图案元素也通过平行线及心形元素传达出它是一座浪漫城市。在文字上，字母 N 形成了一个拱门形状，呼应了该市到处可见的建筑特色，也表达出一种"欢迎到充满歌德式建筑城市"的诉求。

为与城市形象相匹配，设计公司为该城市形象在宣传上也定下了基调及准则：在宣传文字上应力求简洁、友好、自信及吸引。为了配合新城市形象，林肯建立了一个城市宣传的官方网站 visitlincoln。

图 6-17　林肯城市形象

3. 确定城市理念

城市理念系统是整个城市 CIS 的核心，起着决定性作用，"没有理念的城市形象系统等于是没有头脑的人,等于是没有方向盘的汽车。"

城市与人一样,有着自身独特的意识和特点,多年的积淀使城市凝聚了其历史传统、社会风气、价值观念等,而这些非物质的东西,就构成了这个城市的城市精神。城市精神凝聚了城市的思想,是城市抽象的价值,是城市的丰碑,更是城市的灯塔,它彰显城市的来处,指引城市的去处。城市理念识别指城市独特的价值观、发展目标、城市规划、文化内涵等,是城市的"大脑"和城市形象的核心。其主要表现形式包括:城市性质、发展战略、建设规划、城市文化、城市精神等。

城市理念识别对城市总体形象塑造具有战略指导意义,它是指城市的内在特征反映到城市的外在表现形式,是城市精神文明与物质文明建设的总体水平,是一个城市追求和奋斗的目标。

例如,丹麦首都哥本哈根提出一个 open 的城市理念:COPENhagen - open for you,即对新事物、新理念、新思想的开放态度的城市品牌主张。这个城市理念非常灵活,可生长、可延展,典型的"新视觉符号,活城市品牌"。它为城市融入了新的色彩,更新了城市崭新的面庞,使哥本哈根以更加开放的姿态迎接世人,如图 6-18 所示。

图 6-18　哥本哈根 open 的城市理念:COPENhagen - open for you

在中国,很多城市都提炼了独具特色的城市精神,例如上海市的城市理念是"海纳百川、追求卓越",城市理念与城市本身的特点相互辉映。上海处于中国地理上的关键部位,从古至今都是繁华的大都市,本身就将世界融合在一起,它无所不包;上海人视野开阔,精明、能干,"追求卓越"是他们不懈的追求,"海纳百川、追求卓越"恰到好处地反映了上海独特的城市精神。

4. 设计城市视觉识别系统

城市需要用视觉去感受,用视觉符号塑造出来的城市形象才会变得耐看,内在蕴涵也更丰富。城市需要视觉符号,有了这张个性鲜明的名片,人们才会对城市的视觉印象直观而深刻。

城市视觉识别系统的设计是与建筑美学、城市设计艺术和城市景观理论紧密相连的。自从 20 世纪 70 年代，纽约市会议观光局聘请专家设计出纽约市标志"大苹果"和宣传口号"I love NY"并系统推广且取得重大成功以来，更多的城市开始将"企业形象设计"的先进理念，引申付诸到城市形象设计中来。例如荷兰的阿姆斯特丹市、美国的巴尔的摩市以及加拿大渥太华市等，都在这方面做了深入的研究与实践。阿姆斯特丹设计了"I amsterdam"的宣传口号与标志，红色字母"I am"与白色字母"sterdam"的组合，表达了城市的个性，给人留下了深刻的印象。这一口号同时又被做成色彩鲜明的城市雕塑置于城市广场、交通卡、网络等媒介上，被广泛地应用和宣传，形成了独特的城市形象，如图 6-19 所示。

图 6-19　阿姆斯特丹市的标志与理念

大多数已进行形象设计的城市，视觉要素基本上包括城市的标志、标准色与吉祥物。

案例 6-4：香港城市形象设计

香港是一处融合机遇、创意和进取精神的地方，动力澎湃，朝气勃勃，既是运输枢纽，也是文化汇聚之都，位处亚洲最优越的策略性位置，人才会聚，成就耀目。"亚洲国际都会"是香港的城市地位。与香港的城市定位相对应的是香港的城市形象标志，如图 6-20 所示，是一条设计新颖、活灵活现的中国飞龙。飞龙的龙身由香港的中英文名称组成。

图 6-20 香港城市标志

(1) 飞龙的主体标志突显香港的历史背景和文化传统，而融入了中英文名称又恰好反映了香港东西方文化汇聚的特色。

(2) 飞龙的流线型姿态给人一种前进感和速度感，象征香港不断蜕变、不断演进的进取精神。

(3) 飞龙富有动感，充满时代气息，代表香港人勇于冒险创新、积极进取的精神，以及不达目标绝不放弃的坚毅意志。

一个好的视觉符号，能够反映一个城市的概貌，更是带动城市发展的主要因素。"纽约的大苹果"、"香港龙"等这些符号在人们心中已成为各个城市最受瞩目的符号，它们寓意着不同的文化和生活观念，传达着厚重的历史信息和时尚脉动，让各自的城市品牌犹如新生一般活力无限。图 6-21 是中国八座城市的标志。

图 6-21 中国城市的标志

城市形象是一座城市在个性特征方面的综合表现，也是人们对这座城市的整体认知和印象总和，它是对城市各方面的精华凝练，也是城市的无形资产和宝贵财富。

5. 规范城市行为识别系统

城市行为识别系统即城市的"所作所为"，可体现在城市内部的组织管理活动上。它是对城市过去、现在、将来行为的总括，是对应城市理念的行为表现和行动支持。

城市行为识别系统主要是由对市民文明行为的倡导规范而构成的有机整体，包括反映城市中各种各样人的文化程度、精神风貌、服务水平及公共关系等。城市行为识别系统分为城市内部和外部系统。城市内部行为系统主要由城市的组织管理、市民教育与培训、市民行为规范等要素构成。政府部门应构筑"公正、高效、廉洁、无私、务实、敬业"的政府形象；城市居民应树立"人人都是城市形象"的理念，树立一个友好的热情的主人形象。城市外部识别系统主要由城市政治、经济、文化等方面的交流合作、友好往来活动、城市举办的各种会议、活动等要素组成。

6. 城市 CIS 的推广

城市 CIS 的推广主要有以下两种方式。

1) 媒介推广

媒介是信息传递或接收过程中的载体和中介，它是信息发布者与信息接收者之间的桥梁。推广媒介有很多种方式，如电视、报刊、网络、书籍、户外广告等。在不同的推广活动中，要根据需要选择不同的媒介，每一种媒介都有其自身的传播特点。

城市 CIS 媒介推广可以选择在电视、网络、报刊、户外等媒介做广告；可以选择制作城市形象宣传片、宣传画册、系列图书、VCD、广告宣传展板、城市形象徽章、手提袋、宣传 T 恤等资料，把这些资料通过在本城市举办的各种文化活动、招商洽谈活动、展览会、重大节庆活动的现场发放给来宾；可以在各大型宾馆、各旅行社、主要旅游景点摆放，供游客浏览、阅读；可以出版突出城市特点的相关书籍在全国各大书店发行销售，或委托某些专门机构代为分发，引起读者的兴趣，吸引读者。

例如，杭州市的城市形象推广，在确定了杭州城市形象识别系统以后，杭州政府管理职能部门出台了一系列的策划推广方案，对杭州城市形象、城市标志推广使用。杭州成立了城市标志使用管理服务中心，它协助杭州市城市品牌工作指导委员会办公室，负责城市标志使用管理及宣传推广的具体工作。杭州各政府部门、社会各界、各单位在对外公共活动中，大量推广使用杭州城市形象标志。同时，政府还向市民发放标徽或印有该形象标志的文化衫、日用品，强化刺激人们的视觉，让标志深入人心；编制《杭州形象标志设计应用手册》，对标志的应用进行规范和监管。此外，市政府还通过中央媒体、主要城市媒体或海外媒体推广形象标志，让海外人士都熟知杭州。

杭州 CIS 的推广，有效地提升了杭州城市的形象，增强了杭州的城市软实力建设。2010年，杭州获得首批"中国(大陆)国际形象最佳城市"的称号。图 6-22 是杭州的城市标志及应用。

项目六　CIS 导入及广域 CIS

图 6-22　杭州的城市标志及应用

2) 搭建对外传播平台

城市形象推广可采用搭建自我展示平台的方式。城市积极创造条件，可通过借助区域经济合作，举办各种大型特色活动，吸引海内外人士的关注，在全国、亚洲、全世界各个层面展示自己。例如，2008 年北京奥运会的成功举办，使北京在世界上的知名度和美誉度都得到了提升；2010 年上海世博会也在世界上大大地提高了上海的城市形象；2014 年索契通过举办冬季奥运会一举成为世界著名的旅游城市。

将城市自身纳入世界经济的发展潮流中；利用媒体的力量，持续合作，开辟专栏进行宣传；邀请海内外新闻媒体对城市进行报道，扩大影响，让城市真正地走出去，逐步提高城市知名度。

城市形象推广是一个长期的、持续的过程。在制定城市推广方案时要特别注意各种推广活动之间的关联性，例如平面媒体与电子媒体等不同途径的传播手段，要注意主题、风格之间的统一，避免杂乱无章。通过各种方式的传播，全方位地传达城市形象信息，使公众对城市形成一个整体的、个性鲜明的印象和评价。

任务三　形象宣传片

任务导入

很多企业不惜重金，大量地投放广告，但这些广告大都是关于产品的，没有对企业整体策划，没有一个统一的形象宣传片，人们只知道该企业有很多产品，但不知道该企业是什么性质的企业，对企业没有一个整体的认知。企业形象宣传片可以很好地解决这个问题。例如，微软公司的企业形象宣传片"您的潜力，我们的动力"，表达了微软公司的使命不仅仅在于发挥当前各种新技术的潜力，也在于释放每个人、每个家庭以及每个企业的最大潜能；表达了公司希望帮助社会公众更快、更轻松、更好地完成日常的每一件事的愿望；树立了微软公司不仅关注眼前的世界，还关注未来世界的企业形象。

企业形象宣传片涉及企业各个层面，能有效地传达企业文化。一个好的企业形象宣传片，能向公众展示企业实力、社会责任感和使命感，增强企业的知名度和美誉度，使社会公众产生对企业及其产品的信赖感。一个好的企业形象宣传片，在现在的商场中是必不可少的，更可以帮助企业大展宏图。那么，什么是形象宣传片呢？

形象宣传片是用制作电视、电影的表现手法，把视频、文字、图像、动画、音乐和音效等资源进行高效整合，输出制作而成的短片。它借图文并茂、影音互动的形式形成极具冲击力的视觉效果，从而给人留下深刻的印象。它如同一张名片，它凭借精彩的创意、大容量的信息、意蕴深厚的文字、震撼人心的视听冲击，成为企业、城市和国家全面展示自身实力的重要手段。一部优秀的形象宣传片可在很短的时间内，向目标受众展现几百张图片甚至是上万文字所不能呈现的信息内容，让公众在短时间内建立起对被宣传对象直观的感性认知和了解。小到企业、大到城市与国家都可以使用形象宣传片宣传，让社会不同层面的人士对所展示的对象产生正面良好的印象，建立起对该企业、城市或者国家的好感和信任度。

形象宣传片包括企业形象宣传片、城市形象宣传片和国家形象宣传片。

一、企业形象宣传片

在全球经济竞争日益激烈的时代背景下，简单的商品广告已经不能够稳固产品在受众心目中的地位，于是，如何进一步在大众面前建立一个稳定、正面、持续的企业品牌形象，成为各个企业进行宣传的新重点。企业形象宣传片会对企业形象塑造带来深度影响，本质上是引起心灵的共鸣，进而在公众的脑海中形成好的形象。

企业形象宣传片的价格比广告片便宜，用途广泛。不仅可以单独地作为宣传片播放给顾客，而且可以插入新闻之中，快速地播放。它简洁、集中、一致，是企业文化的浓缩，既能让企业更清楚本身的定位，又能让外界对企业形象有更加明晰的印象。良好的企业形象宣传片，可以得到公众的信赖，为企业的商品和服务创造出一种消费心理，扩大企业的知名度，增加投资或合作者的好感和信心，吸引更多人才加入，激发职工的敬业精神，创造更高的效益和价值。

企业宣传片不宜做得太长，不能因为成本低，就把所有的信息塞入一张光盘，这和广告是一个道理。但宣传片毕竟不同于广告，所以也不宜太短，太短了想说的东西没有说明白，目的自然也就达不到了。企业宣传片的长度应根据具体情况来定，一般在三分钟以下为宜。

企业针对不同目标市场所使用的宣传片有所不同，成熟的市场和新市场应该区别对待。在成熟的市场上，各级客户对企业和产品都有了一定的认知，针对他们所做的宣传片要将他们现有的认知系统化、统一化；而对新市场来说，主要是将企业形象和产品功能特点等传达出去，获得认可和接受。企业可以针对不同目的和用途做几套方案，所谓"形散而神不散"，在每个宣传片里要贯穿同一根"筋"，那就是企业的"神"。但从理念到行为再到视觉，这一套是不能随便更改的。

1. 新市场的企业形象宣传片

新市场的企业形象宣传片重点塑造企业的良好形象，扩大企业的知名度，提高企业的美誉度。企业宣传片一般由五部分组成：企业名称、标志与企业形象口号，企业发展历程和企业文化，主营产品或服务，员工风采和社会责任。

1) 企业名称、标志与企业形象口号

企业名称、标志与企业形象口号一般同时出现在宣传片的开头和结尾。开头用于引起社会公众的注意，起介绍作用；结尾用于强化社会公众的认知，加强社会公众的印象。

2) 企业发展历程和企业文化

企业发展历程是指企业从最初建立到发展壮大的发展过程。把一个企业艰苦的发展历程，尤其是其悠久的发展历史展现给社会公众，会形成一种独特的文化底蕴，对社会公众具有很强的说服力，容易引起共鸣。

企业形象宣传片也应展现企业文化，包括企业的价值观、经营理念、未来展望、自我完善、力量源泉等内在精神要素，这是企业的"软实力"，是增加企业凝聚力的精神动力，是企业竞争力的核心要素，是企业品牌战略的中心主导。利用形象宣传片展现企业的理念与精神等文化内涵，是进行深层次企业文化传播的最好途径。

3) 主营产品或服务

主营产品或服务重点展现企业主营产品或服务的特色，如产品的性能、品质、功能、构成等说明，尤其以展示产品的性能为主，主要包括科技含量、行业参数、竞争优势、荣誉实力等方面，以全面、详尽的产品介绍为展示中心。

4) 员工风采

一个企业发展的关键因素之一是企业的员工。把企业员工的积极进取、团结向上的团队精神与风采展现给社会公众，容易获得他们的情感共鸣。

5) 社会责任

每一个企业都是整个社会大家庭的一员，每一个良性循环发展的企业都有义务尽自己的"公民义务"。企业应积极着眼于社会大环境的共同进步，尽企业的社会责任。企业可以结合广大公众关心的热点问题或者公益话题，表述企业自身的社会责任感与使命感，突出对公益事业做出的贡献，增加企业的亲民程度、建立良好的企业形象。

例如，百胜软件的企业宣传片分为三部分：第一部分以动画片的形式展示服装行业订货会、服装工厂、仓库和零售商店的混乱工作状态，导出百胜软件的强大功能，并借机推出公司的品牌标志与企业形象口号；第二部分回顾了企业的十年发展历程，并在"腾飞，有你有我"中展示员工风采；第三部分出现公司的理念，激情、诚信、专注、创新和合作，并再次强调了公司的品牌标志与企业形象宣传口号，如图6-23所示。

图6-23 百胜软件企业的宣传片

百胜软件公司的企业形象宣传片成功地让社会公众认识了该企业，塑造了良好的企业形象。

2. 成熟市场的企业形象宣传片

成熟市场的企业的形象宣传片因企业早已被社会公众所熟知，所以企业形象宣传片可以有所侧重，即可侧重企业的理念宣传，也可侧重企业的产品宣传。

例如，微软的企业形象宣传片侧重于企业的用人理念宣传。该片从微观角度出发，以现实生活中的人物作为线索，从学龄儿童、家庭主妇、企业员工、企业主、软件开发员等不同的角度来诠释各个角色都有成为"大人物"的潜质，反映"您的潜力，我们的动力"(your potential, our passion)这一企业文化。这种个性化的感情诉求将个人的潜力与公司的发展紧密联系在一起，使社会公众更容易产生好的企业形象，如图6-24所示。

在微软的宣传片中，人物都是被放置在画面的中间位置，人物如此放置就说明了在微软的心中，无论您是谁，从事什么职业，"您"都是最重要的。"您"的理念无疑帮助微软得到更多社会公众的信赖，提高企业的知名度，吸引更多人才加入，创造更高的效益和价值。同时，在宣传片里，实际存在的图画与虚线画出来虚拟的图画形成鲜明的对比，这些虚线将个人现在的努力与未来的个人成就联系起来，也向公众展示了微软企业的实力、社会责任感和使命感。

图 6-24　微软的企业形象宣传片

而 HTC 的企业形象宣传片则侧重于产品的宣传，如图 6-25 所示。联想在 2010 年的宣传片中也采用了相同的表达方式。

图 6-25　HTC 的企业形象宣传片

也有企业的形象宣传片采取文艺的表现方式，使之具有文艺性和趣味性。例如，隆力奇的企业形象宣传片采取音乐电影的表达方式；优美的江南风景融合隆力奇百年品牌智慧，诉说隆力奇温馨和谐的东方传奇；佟大为与 Mandy Lieu 女主演的跨国恋情，塑造了隆力奇时尚、国际的品牌形象，传达出隆力奇企业胸怀世界、远行天下的志向。音乐片风格优雅、情深意长；主题曲《江南之恋》由谭晶演唱，歌词缠绵、温情，将隆力奇的品牌作为歌词出现，使企业形象传播更具美感，如图 6-26 所示。

企业形象宣传片可把企业的内涵、理念、产品、实力、潜力、魅力、技术、信誉、精神等重要企业信息浓缩在一起，形成一个企业特有的"名片"，在社会公众心中凝练成一个企业形象符号，深深附着在社会公众的消费意识中。

企业形象策划实务

图 6-26　隆力奇的企业形象宣传片《江南之恋》

3. 企业宣传片策划制作的技巧

企业宣传片策划出来的是样本,还需有精湛的制作技巧,按策划的要求准确、完整地表现出来,制成可发布的真正优秀的企业宣传片。企业宣传片的表现技巧主要有写实、报道、对比、权威示范、想象和文艺等方式。前四种偏重于理性诉求,后两种偏重于感性诉求。权威示范手法是利用社会上有影响的人物来推荐或证明商品的品质,提高商品的身价,增加消费者的信任,推动人们效仿性购买。示范是通过实物的实际表演、操作和使用来证实商品的品质优良,有正面示范和反面示范两种。想象是用比喻、寓意、比赋和夸张的手法以及新颖的创意通过其他事物衬托企业,启发人们的联想,渲染企业的形象。

二、城市和国家形象宣传片

在社会大发展的时代背景下,不仅有企业形象宣传片,还有城市和国家形象宣传片。

1. 城市形象宣传片

城市形象宣传片是以"城市形象"为表现内容的宣传片。随着中国经济的飞速发展,中国城市化进程的步伐也越来越迅速,城市建设日新月异。城市的崛起激起城市间激烈竞争,这种竞争由经济硬实力转向城市软实力,城市开始注重作为软实力的城市形象的提高和塑造。城市形象宣传片作为城市形象塑造的手段之一，逐渐成为各个城市竞相模仿的形式。城市形象宣传片在国外已很成熟，在世界很多国家的城市都有企业形象宣传片，雅典、悉尼、新加坡……近几年，中国也出现多座城市形象宣传片：上海的城市形象宣传片《无数个姚明，好一个上海》、《上海速度、刷新梦想》、《上海协奏曲》，成都市的形象宣传片《成都一座来了就不想离开的城市》，乌镇的城市宣传片《来过，便不曾离开》……一部高质量的城市形象宣传片，不仅能提升城市的品位和影响力，而且能吸引投资者的目光，促进本地区和城市经济的高速发展。

2. 国家形象宣传片

国家形象宣传片是以"国家形象"为表现内容的宣传片。

国家形象宣传片是一种运用多种表现手法展现国家形象的艺术形式，是对一个国家最重要的无形资产的影像体现。

最早的国家形象宣传片，诞生于默片时代的 1928 年阿姆斯特丹奥运会。早期被人们熟悉的国家形象宣传片是苏联"新经济政策"和之后"五年计划"期间一系列成功的黑白纪录短片《苏联新貌》。这些短片在西方播映后，成功地扭转了苏联以往给人的落后农业国的印象，让世人很快接受了苏维埃工业化的现实。把国家形象宣传广告搬上电视，始于 1966 年的日本奥运会，这是第二次世界大战后日本第一次在国际上正式亮相，一个 30 秒的日本国家形象宣传片"现代化的新东京迎接现代化奥运"，成功地让世人接受了一个从废墟中崛起、重新步入工业化行列的新东京。此后，尝到甜头的日本成为国家形象宣传片的热衷者。中国也于 2011 年向全世界推出中国的国家形象宣传片。该国家形象宣传片分为《中国国家形象片——人物篇》和《中国国家形象片——角度篇》。2011 年 1 月 17 日，在纽约时代广场的户外大屏幕上播放《中国国家形象片——人物篇》，宣传中国形象，如图 6-27 所示。

图 6-27　纽约时代广场的中国形象宣传片

形象宣传片以强烈的视觉冲击力和声音震撼力来树立一个企业、一座城市、一个国家的形象，展现它们的特色，在重大主题活动(如北京奥运会)的内容告知与宣传等方面，都起着越来越重要的作用。形象宣传片的制作与传播大多依靠专业化的制作机构，它不是简单地对各种碎片化的形象宣传元素进行展示与拼凑，而是运用影视技艺和手段，对碎片化的形象宣传元素进行艺术加工、升级包装，并通过视频传播的形式给公众一种全新的视觉感受，在声、光、影、音响的欣赏环境下，提升公众对形象的整体认知和印象。总之，形象宣传片是一种很好的企业、城市和国家形象的宣传手段。

课 堂 讨 论

请查找企业形象、城市形象、国家形象的宣传片，讨论它的主题、内容及表现形式？

项 目 总 结

本项目是企业形象策划的结束篇，在介绍企业 CIS 导入的基础上，又对 CIS 的延伸应用进行了介绍。

导入 CIS 的常见时机有：企业成立、企业创业纪念日、企业产权重组、开拓国际化经营和经营环境变化等。一般导入 CIS 的程序为：确定企业形象计划目标、成立企业形象策划小组、CIS 调查、定位企业形象、设计 CIS、执行推广 CIS、监督和评估。

CIS 已广泛应用于社会团体和城市形象的塑造。城市 CIS 的塑造，包括城市资源调查、城市定位、确定城市理念、设计城市视觉识别系统、规范城市行为识别系统和城市 CIS 的推广。

形象宣传片分为企业形象宣传片、城市形象宣传片和国家形象宣传片。本项目重点介绍企业形象宣传片的主要内容和表现形式。

项 目 测 试

一、填空题

1. 导入 CIS 常见的时机分为：_____、_____、_____、_____ 和 _____。
2. 一般导入 CIS 的程序是：_____、_____、_____、_____、_____、_____、_____ 和 _____。
3. 广域 CIS 除了应用于企业外,常见的还应用于_____、_____ 和 _____ 领域。

项目六　CIS 导入及广域 CIS

二、思考题

1. 城市 CIS 的塑造都需做些什么？
2. 企业形象宣传片一般包括哪些内容？

三、项目实训题

请为您虚拟成立的企业，设计 CIS 导入的时机与程序，并制作其形象宣传片。

参 考 文 献

[1] 赵洁，马旭东. 企业形象设计[M]. 上海：上海人民美术出版社，2012.
[2] 李怀斌. 企业形象策划[M]. 大连：东北财经大学出版社，2012.
[3] 周朝霞. 企业形象策划实务[M]. 北京：机械工业出版社，2010.
[4] 周旭，罗仕鉴. 企业形象设计[M]. 北京：高等教育出版社，2010.
[5] 李森. 企业形象策划[M]. 北京：北京交通大学出版社，2009.
[6] 龚正伟. 企业形象 CI 设计[M]. 北京：清华大学出版社，2009.
[7] 李兴国. 公共关系实用教程[M]. 北京：高等教育出版社，2011.
[8] 程宇宁. 品牌策划与管理[M]. 北京：中国人民大学出版社，2011.
[9] 林景新. 网络危机管理：Web2.0 时代危机解决之道[M]. 广州：暨南大学出版社，2009.
[10] (美)艾·里斯，劳拉·里斯. 品牌 22 律(修订版) [M]. 太原：山西人民出版社，2011.
[11] (美)凯勒. 战略品牌管理[M]. 中国人民大学出版社，2009.